Entdecken Sie Venetien und Friaul!

*Eine Fülle von Natur- und Kulturschätzen
zwischen Alpen und Adria*

Venedig, die Arena von Verona, der Gardasee und seine Riviera degli Ulivi – so nennt sich das Ostufer mit den Olivenbaumhainen –, die venetischen Villen und die Palladio-Architektur, Skipisten in den herrlichen Kalkalpen der Dolomiten, Rebhänge, von denen köstliche Weine kommen, endlose Sandstrände an der Adria: die ersten Assoziationen zum Nordosten Italiens. Sie machen auch gleich deutlich, daß es viele Arten gibt, diese Gegend zu bereisen. Wohl kaum ein Gebiet Italiens bietet so viel Unterschiedliches an Landschaften, Orten, Genüssen wie die beiden Regionen im Nordosten, Venetien und Friaul-Julisch-Venetien.

Zunächst zu den Menschen: Hier weiß man genau, wo die Einheimischen zu finden sind – zu jeder Tageszeit, am ehesten aber zur Aperitifstunde ab 18 Uhr, trifft man sie bei einem Gläschen Wein. Frauen wie Männer, Jung und Alt, an den Theken der Bars und Osterien. Aber kaum je wird man einen Veneter oder Friulaner betrunken sehen. Dazu sind sie viel zu bodenständig-diszipliniert. Auch sind sie als Workaholics und Familienmenschen keine Nachtschwärmer – ein schillerndes Nachtleben wird der Reisende vergeblich suchen. Venedig ist ab 22 Uhr 30 stockduster und praktisch menschenleer. Nur in den Sommermonaten brummt es in den Badeorten.

Aber wie alle Italiener lieben sie die Geselligkeit, und in den Bars und Trattorien sieht man sie reden und lachen. Da möchte man mitmachen und seine Italienischbrocken an den Mann beziehungsweise die Frau bringen. Nur versteht man kein einziges Wort. Denn die Umgangssprache ist der venetische Dialekt und im Friaul das Furlanische. In keiner anderen Gegend Nord- und Mittelitaliens hat sich das Lokalidiom so halten können wie hier. Alle sprechen es, der Möbelpacker, der Manager, die Contessa und der Gondoliere. Mit dem Reisenden spricht man

Auf Veronas Piazza Erbe wacht Madonna Verona über das Markttreiben

natürlich italienisch, höflich und immer ein wenig reserviert. Selten sieht man jemanden hitzig aufbrausen, das extrovertierte, auch schrille mediterrane Temperament wird man hier nicht finden. Dafür können die traditionell frommen Veneter verdammt gut fluchen. Pragmatismus ist hier die Lebensphilosophie. Das zeigt sich etwa im unsentimentalen Verhältnis der Veneter zu ihrer Hauptstadt Venedig, dieser weltberühmten Stadt – auf dem Wasser gebaut und total autofrei, aber vielen Bewohnern Paduas oder Veronas viel zu unmodern, im Abseits, ein museales Luxusgeschöpf. Das Friaul wiederum, mit seinem uralten Zentrum Udine und seiner keltisch-karnischen Bergwelt, fühlt nur wenig Gemeinsamkeit mit der Regionshauptstadt Triest, dieser so österreichisch geprägten Hafenstadt an der Küste.

Der Nordosten Italiens liegt zwischen zwei Extremen, zwischen Alpen und Adria, zwischen hochalpiner Bergwelt und endlosen Sandstränden. Das beginnt im Veneto mit den über 3000 Meter hohen Dolomiten aus splittrigen, silbrigen Kalktürmen und -spitzen. Sie zählen zum Schönsten, was Europa an Bergen zu bieten hat, im Sommer ein Wander- und Kletterparadies, im Winter mit Hunderten Kilometern von Skipisten – und nach zwei Stunden Fahrt erreicht man kilometerlange Sandstrände am Mittelmeer. Friaul-Julisch-Venetien hat seine auf fast 3000 Meter ansteigenden Karnischen und Julischen Alpen, vielleicht weniger spektakuläre Bergszenarien, eher versteckt,

mal Bergbauernidyll, mal spröde Urwüchsigkeit. In den letzten Jahren wurden sie zunehmend von einem naturverbundenen, familienfreundlichen Tourismus entdeckt. Nur zwei Autostunden entfernt sind die Sandstrände von Grado oder, wieder ganz anders, die Klippenküste zwischen den berühmten Schlössern Miramare und Duino, für manche die schönste unter Europas Küsten.

Ungefähr auf halbem Weg zwischen Alpenkranz und Mittelmeer liegt der Gardasee, mit seinen 370 qkm der größte italienische Binnensee, im Norden noch umgeben von hohen, mächtigen Felswänden, während nach Süden zu der Anblick der Zypressen und Olivenhaine das Herz des Reisenden aus dem Norden gleich höher schlagen läßt.

Teils sanft, teils dramatisch fallen die Berge in Stufen zur Ebene hin ab, etwa über die Hochebene von Asiago mit ihren weich gewellten Almwiesen, im Winter ein Loipenparadies, im Sommer das Dorado der Biker. Oder über den Karst bei Görz und Triest mit seinen unheimlichen Hohlräumen, Wunderwelten aus Tropfstein und unterirdischen Flüssen.

Dann folgen die sanften Hügel, auf denen die berühmten Weine wachsen: Soave, Prosecco und der Collio in Friaul, eine Landschaft, die Kenner als die Toskana des Nordostens bezeichnen.

Bleibt schließlich die weite Ebene der vielen Flüsse, die aus den Bergen hinunter ans Meer wollen: der Po, die Etsch, der Brenta und die Piave im Veneto, Isonzo und Tagliamento im

Friaul. Mit ihren Mündungslandschaften und den Lagunen bildet sich längs der Küste eine Art amphibische Übergangswelt, halb Land, halb Meer – von großem Reiz ist vor allem das Podelta. Dem Wasserreichtum der stattlichen Ströme verdankt der Nordosten auch seine Fruchtbarkeit, seine sattgrüne Vegetation, überhaupt diesen Eindruck einer großzügigen, üppigen Natur.

Und was haben die Menschen geschaffen, die den Nordosten seit Tausenden von Jahren besiedeln? Viele der schönen alten Städte wie Belluno, Verona, Padua gehen sogar noch auf Gründungen der ersten Veneter zurück. Die hatten hier schon lange vor den Römern eine städtische Kultur zu entwickeln begonnen, auch wenn es dann die Römer waren, die den Nordosten Italiens als Siedlungs- und vor allem Handelsgebiet zwischen Mitteleuropa, dem Balkanraum, der Adria und dem Süden erschlossen. Wenn Roms Erbe repräsentiert wird durch die gewaltige Arena in Verona und die Ruinen Aquileias, dann stehen die wunderbaren frühchristlichen Kirchen in Aquileia und in Grado für die Verbreitung des Christentums nach dem Zerfall des Römischen Imperiums. Und die kunstvollen Hinterlassenschaften der Langobarden in Cividale sind ein Höhepunkt auf der Reise ins Friaul.

Zeugen der freien Bürgerstädte des Mittelalters sind die »Paläste der Vernunft«, in denen die Bügerversammlungen der freien mittelalterlichen Kommunen tagten, als schönstes Beispiel der prachtvolle Palazzo della Ragione in Padua. Die vielen Burg-

und Festungsanlagen bis hin zu den *città murate,* den »eingemauerten Städtchen« wie Montagnana, Villafranca, Marostica, sind Zeichen jener Periode, in der ein paar Heerführer und Familien durch Brutalität und geschickte Bündnispolitik im Mittelalter die Oberhand über die Städte und das ganze Territorium gewannen. Ab dem 14./15. Jh. ist Venedig an der Reihe, die Serenissima, die »durchlauchtigste« Republik auf dem Meer, die mit dem schleichenden Verlust ihrer Monopolstellung auf den Weltmeeren aufs italienische Festland zu expandieren begann. Auf Plätzen und Palazzi tauchte immer häufiger der venezianische Markuslöwe auf. Überall setzte sich der Charme venezianischer Ästhetik durch, Loggien, dreiteilige Triforienfenster, bemalte Fassaden. Als nächste kamen die Habsburger und entwickelten Triest zu ihrem kosmopolitischen Adriahafen.

Der Reichtum der Städte, der Bistümer, des Adels, der Bürgergilden und der rege Austausch in alle Himmelsrichtungen förderten auch das Kunstschaffen und brachten große Meister hervor. Neben Florenz wurde das Veneto zum zweiten großen Kunstzentrum in Italien. Charakteristisch ist eine Malerei voller Licht und Farbigkeit, dazu eine Präsenz der Natur, wie man sie in kaum einer anderen Malerei finden wird. Die ganz großen dieser Maler tragen Namen wie Bellini, Carpaccio, Giorgione, Tizian, Tintoretto.

Zu einer Hochblüte der venezianischen Malerei, die ganz Europa begeistern sollte, kommt es noch einmal im späten 17. und im

Geschichtstabelle

Frühgeschichte

Euganeer in den Lessinischen Bergen, indoeuropäische Volksstämme wie die Veneter und die Histrier besiedeln den Nordosten Italiens, die keltischen Karnier (4. Jh. v. Chr.) geben den Karnischen Alpen ihren Namen

3. Jh. v. Chr.–5. Jh. n. Chr.

Die Römer gelangen in den Nordosten; unter Kaiser Augustus Bildung der Region Venetia et Histria

5.–8. Jh.

Zerfall des römischen Imperiums, Eindringen der Goten und Hunnen, Flucht venetischer Familien auf Laguneninseln (Entstehung Venedigs); neue Machtstrukturen: das christliche Patriarchat in Aquileia, Adriaküste unter byzantinischem Einfluß; ab 553 langobardisches Herzogtum in Friaul

8.–13. Jh.

Franken verdrängen die Langobarden; freie Stadtrepubliken Padua, Vicenza, Treviso, Verona; Venedigs Blütezeit als mächtige Seehandelsmacht

13.–14. Jh.

Patriarchat Friaul mit Sitz in Udine; lokale Durchsetzung mächtiger Familien (»Signorie«); Triest unter österreichischem Einfluß; Gründung der Universität Padua

14.–18. Jh.

Venedig erobert das Festland, die Habsburger herrschen in Triest und Görz

18./19. Jh.

Mit der Besetzung durch Napoleon Ende der Macht Venedigs (1797); Veneto und Friaul werden österreichisch. Italienische Einigungsbewegung (Risorgimento) gegen österreichische Herrschaft; ab 1866 Friaul und Veneto zum jungen italienischen Nationalstaat – bis auf Görz, Triest, Istrien

1915–1919

Im Ersten Weltkrieg verlustreiche Nordostfront gegen Österreich durch die Dolomiten und längs des Flusses Isonzo; im Versailler Vertrag Triest und Istrien an Italien

1922–1943

Faschistische Diktatur unter Benito Mussolini; 1940 Eintritt in Zweiten Weltkrieg auf seiten des Deutschen Reichs; 1943 Kapitulation Italiens

1945/47

Istrien und halb Görz an Jugoslawien, Triest 1954 zurück an Italien

1976

Schweres Erdbeben in Friaul kostet fast 1000 Menschenleben

Ab 1991

Blutige Auflösung Jugoslawiens; Republik Slowenien neuer Nachbar Italiens; nach Zusammenbruch der *Democrazia Cristiana* politische Orientierungslosigkeit in den beiden einstigen Hochburgen der Christdemokraten und Erstarken der regionalistischen *Lega Nord*

INHALT

MARCO ⊕ POLO

VENETIEN
FRIAUL

*Fünf Symbole sollen Ihnen
die Orientierung in diesem Führer erleichtern:*

für Marco Polo Tips – die besten in jeder Kategorie

für alle Objekte, bei denen Sie auch eine schöne Aussicht haben

für Plätze, wo Sie bestimmt viele Einheimische treffen

für Treffpunkte für junge Leute

(108/A 1)
Seitenzahlen und Koordinaten für den Reiseatlas Venetien und Friaul

*Diesen Führer schrieb Bettina Dürr. Sie pendelt seit
zwei Jahrzehnten zwischen Düsseldorf und Bologna und
hat zahlreiche Marco Polo Reiseführer geschrieben.*

*Die Marco Polo Reihe wird herausgegeben
von Ferdinand Ranft.*

MAIRS GEOGRAPHISCHER VERLAG

MARCO ⊕ POLO

Für Ihre nächste Reise gibt es folgende Titel dieser Reihe:

Die Marco Polo Redaktion freut sich, wenn Sie ihr schreiben: Marco Polo Redaktion, Mairs Geographischer Verlag, Postfach 31 51, D-73751 Ostfildern

Unsere Autoren haben nach bestem Wissen recherchiert. Trotzdem schleichen sich manchmal Fehler ein, für die der Verlag keine Haftung übernehmen kann.

Titelbild: S. Giustina/Prato della Valle in Padua (D. Renckhoff)
Fotos: G. Hartmann (56); H. Hartmann (18, 35); Janfot (4); G. Jung (10, 37, 58, 61, 66, 69, 70); Mauritius: Hubatka (49, 107); D. Renckhoff (27, 28, 31, 39, 52, 54, 62, 78, 85, 88); W. Rußwurm (21, 22, 75, 83); O. Stadler (14, 24, 42, 44, 47)

1. Auflage 1999/2000 © Mairs Geographischer Verlag, Ostfildern
Chefredakteurin: Marion Zorn
Lektorat: Nikolai Michaelis
Gestaltung: Thienhaus/Wippermann (Büro Hamburg)
Kartographie Reiseatlas: © Mairs Geographischer Verlag
Sprachführer: in Zusammenarbeit mit Ernst Klett Verlag für Wissen und Bildung GmbH,
Redaktion PONS Wörterbücher

Printed in Germany
Gedruckt auf 100% chlorfreiem Papier

18. Jh. Es ist auch die Zeit des Villenbaus, fast als sehnte sich die Stadt nach den Jahrhunderten im Zeichen von Ehrgeiz, Leistung und Macht nach Entspannung, nach kontemplativem Rückzug. Dieser Stimmung verleihen Maler wie Sebastiano Ricci, Giovanni Battista Piazzetta, vor allem aber Giovanni Battista Tiepolo und sein Sohn Giandomenico Ausdruck: Mit ihren beschwingten, lichtdurchfluteten Szenerien schmücken sie Villen, Palazzi und Kirchen in Venedig und im Veneto und werden mit Aufträgen aus ganz Europa überhäuft. Ähnlicher Ruhm widerfährt auch den venezianischen Vedutenmalern Canaletto, Bellotto und Francesco Guardi, die mit unglaublicher Detailliebe europäische Städte und Landschaften porträtierten – die Vorläufer heutiger Fotobände.

Nach so viel Kultur nichts wie an den Gardasee, zum Schwimmen, Surfen, Segeln. Oder an die Adriastrandbäder, ins familienfreundliche Grado oder nach Lignano und Jesolo, wo sich abends in die Diskos die Jugend trifft, in die herrlichen k. u. k. Kaffeehäuser von Triest, zum Aperitif in die mondäne Dolomitenkapitale Cortina oder zum Weinschoppen in die Osterien und Weinstuben von Verona und Udine, in die Buschenschenken im Karst. Immer wieder ein Erlebnis ist es, wenn sich nach dunkler Gasse die Piazza vor einem auftut, Salon und Mittelpunkt in den schönen alten Kernen der Dörfer und Städte, die die Einheimischen mit geschäftigem Treiben beleben und wo Cafés zum Schauen und Genießen einladen.

Der nahezu boomartige Wohlstand der letzten Jahre hat Spuren im Nordosten hinterlassen, je gepflegter und restaurierter die historischen Innenstädte mit eleganten Modegeschäften und Cafés, um so zersiedelter die Peripherie mit ihren zahllosen kleinen Betrieben und ihren Straßen voll lärmender Laster. Autofahren kann da, zumal in den Ballungszentren um Verona, Padua, Mestre, Vicenza, zum Streß werden, und unter Streß stehen auch die Italiener, wobei ihre typisch hitzige, ungeduldige Fahrweise zunehmend aggressiver wird.

Auch der Tourismus steht für Produktivität und Wohlstand, und daher gibt man sich Mühe, dem Reisenden eine Menge zu bieten: alle möglichen neuen Sportarten zu Wasser und in den Bergen, Musik- und Theater-Events das ganze Jahr über, im Sommer Festivals in Villen und auf den Plätzen und in jedem Dorf, in jedem Städtchen zahllose sommerliche Straßen- und Schlemmerfeste. Auch finden sich in den Fremdenverkehrsämtern zunehmend Karten mit Wander- und Radtouren.

Zu guter Letzt: Wer Lust auf humorvolle Ferienlektüre hat, aus der er etwas über das heutige Leben im Veneto erfährt, der sollte (neben den Venedig-Krimis von Donna Leon) »Italienische Verhältnisse« von Tim Parks lesen, einem Engländer, den es in ein kleines Dorf bei Vicenza verschlagen hat, zum Hinterhof hinaus idyllische Weingärten, vor der Haustür chaotisch-pragmatische Geschäftigkeit – auch das zwei Extreme des Universums Nordostitalien.

Von Liebespilgern, Weinseligkeit und Arbeitswut

Wie Sie Giulietta per e-mail erreichen und
wo die besten Weine wachsen

Amore

Jedes Jahr drängt es Abertausende von Menschen in den Hof des Hauses Via Cappello 23 in Verona: Hier wohnte irgendwann vor 700 Jahren Giulietta Cappelletti. Die Menschen stehen vor ihrer Bronzestatue, streicheln ihre Brust, viele ritzen oder schreiben auf die Mauern des Hofzugangs eine Liebesbotschaft, eine Liebeshoffnung, die Namen ihrer Liebe. Die romantischsten und originellsten Liebessprüche werden auf T-Shirts gedruckt. Tausende von Briefen aus der ganzen Welt erreichen alljährlich die Stadt, auf dem Umschlag steht einfach nur »Giulietta/Verona« oder »Fräulein Julia Capulet in Verona, Italien« oder »Miss Juliet Capulet«. Das reicht, und es kommt an. Die einen wünschen sich eine Fotografie mit Julias Autogramm, andere bitten Julia, immerhin Ex-

pertin für komplizierte Liebesangelegenheiten, um Rat in eigener Sache, schließlich sind da Briefeschreiber, die fragen, ob die Geschichte zwischen Romeo und Julia wirklich so schlecht enden mußte.

Vor Shakespeare (1597) hatte es schon mehrere italienische Stückeschreiber und Novellendichter im 15. und 16. Jh. gegeben, die den Stoff bearbeitet hatten. Tatsächlich ist dieses Paar, das es so nie gegeben hat, im Laufe der Jahrhunderte immer mehr zu Wirklichkeit geworden: Die Krypta des Konvents S. Francesco in der Via del Pontiere hütet den Sarkophag Julias, auf dem Hügel über Montecchio Maggiore in der Nähe Vicenzas werden die Burgen Castello di Bellaguardia und Castello della Villa als die Familiensitze Giulietta Cappellettis und Romeo Montecchis identifiziert. Wer an Giulietta nach Verona schreibt, bekommt auch eine Antwort von ihr durch den Club di Giulietta, der sich mit viel Hin-

Die Bronze-Julia unterm Flirtbalkon:
Veronas Topadresse für Romantiker

11

gabe den Liebespilgern und deren Briefen widmet. Längst hat Giulietta auch eine E-Mail-Adresse: <*giulietta@.easynet./it.*>

Bevölkerung und Geographie

Die Region Veneto bedeckt ein Gebiet von 18 377 qkm, im Süden grenzt es an den Po und die Adriaküste, im Westen an den Gardasee, im Norden bildet die Alpenkette der Dolomiten die Grenze zum Trentino, im Osten ist es der Fluß Tagliamento, der Venetien vom Friaul trennt. In den sieben Provinzen des Veneto (Belluno, Padua, Rovigo, Treviso, Venedig, Verona, Vicenza) leben 4,4 Millionen Menschen, die arbeitende Bevölkerung ist zu sieben Prozent in der Landwirtschaft, zu 42 Prozent in der Industrie und zu 51 Prozent im Dienstleistungsgewerbe beschäftigt. Venedig ist die Hauptstadt.

Friaul-Julisch-Venetien hingegen bedeckt nur 7846 qkm, kaum mehr als 2,5 Prozent der gesamten Fläche von Italien: 1,2 Millionen Menschen leben in den vier Provinzen (Görz, Pordenone, Triest, Udine) im äußersten Nordostzipfel Italiens, der an das Veneto, Österreich und Slowenien grenzt. Seit 1963 ist Friaul-Julisch-Venetien autonome Region mit Spezialstatut und Triest als Hauptstadt.

Katastrophen

Mit ihren 266 Metern Höhe ist die Staumauer von Vaiont die höchste der Welt. Oberhalb vom Städtchen Longarone auf der Grenze zwischen der Provinz Belluno und der friulanischen Talschaft Valcellina gelegen, verschließt sie das obere Tal des Bergflusses Vaiont. Erst als die Staumauer im Sommer 1959 fast fertiggestellt ist, ergibt eine geologische Untersuchung, daß auf dem Monte Toc eine 250 Millionen Kubikmeter starke, urzeitliche Felslawine aufliegt. Durch den Berg über dem Staubecken läuft also eine Spaltung, und als die Ingenieure dennoch Wasser ins Staubecken laufen lassen, beginnt es im Monte Toc unheimlich zu rumoren.

Die Bürgermeister der Ortschaften oberhalb des Sees und unterhalb der Mauer im Piavetal schreiben besorgte Briefe an die halbstaatliche Energiegesellschaft. Doch um keine Versäumnisse eingestehen zu müssen, steuert man mit der Unausweichlichkeit einer klassischen Tragödie ins Verhängnis. Am 9. Oktober 1963 löst sich um 22 Uhr 39 eine Felsmasse von 260 Millionen Kubikmeter Volumen vom Monte Toc, rutscht in den Stausee und drückt 50 Millionen Kubikmeter Wasser aus dem Becken. Die eine Hälfte der Wassermassen schwemmt in einer ungeheuren Welle die Siedlungen auf den umliegenden Hängen hinweg, die andere Hälfte stürzt sich über die Staumauer talwärts, drückt sich mit 80 Stundenkilometern unter apokalyptischem Getöse durch die Schluchten des Vaiont und reißt ein halbes Dutzend Ortschaften talabwärts in die Piave. Über 2000 Menschen sterben in jener schrecklichen Nacht. Gegen das Vergessen zieht Marco Paolini, ein junger Schauspieler aus Belluno, seit 1993 durch Italien und erzählt die Moritat vom Stausee des Vaiont auf den Plätzen von Dörfern und Städten, in Schulen und Krankenhäusern und eines Nachts auch im Fernsehen vor vier Millionen Zuschauern, die $3^{1}/_{2}$ Stunden bis ins Morgengrauen wie gebannt dieser Tragödie lauschen. Paolinis »Chronik einer angekündigten Katastrophe« ist auch auf deutsch unter dem Titel »Der fliegende See« erschienen.

Eine reine Naturkatastrophe, die kein Mensch hätte voraussehen können, war dagegen das furchtbare Erdbeben, das am 6. Mai, am 11. und am 15. September 1976 das Zentrum Friauls mit Stößen der Stärke 9 auf der zwölfstufigen Mercalli-Skala erschütterte. Unter den Trümmern starben 989 Menschen, im Epizentrum zwischen Moggio, Forgaria und Tarcento zerbröselten Hunderte von Ortschaften, Betrieben, Häusern. Über die Devise des Wiederaufbaus waren sich alle einig: erst die öffentlichen Gebäude und die Fabriken, dann die Wohnungen; auch angesichts der Trümmer des mittelalterlichen Patriarchendoms von Venzone waren sich die Bewohner einig, allen voran der Pfarrer: wieder aufbauen, genau wie die alte. Trotz der Skepsis der Experten vom Denkmalschutzamt in Triest, die den Dom für unrettbar verloren hielten. Doch die Leute setzten sich durch, in monatelanger Arbeit sammelten sie am Wochenende aus dem Schutt 7650 intakte Bausteine, bis der neue, alte Dom von Venzone am 6. August 1995 wieder geweiht werden konnte. Tatsächlich ist der beispielhafte Wiederaufbau, diese tapfere Beharrlichkeit der Bevölkerung Friauls, einer der großen positiven Mythen des modernen Italien geworden.

Lega Nord

Viva San Marco, via da Roma, »Es lebe der heilige Markus, weg von Rom«: Das ist nur einer der Sprüche, die man auf Brückenpfeilern und Betonwänden im Veneto sieht. Und *Padania* steht überall, auf Mauern gepinselt, als Aufkleber auf den Ortsschildern, auch im Friaul. Damit ist die breite oberitalienische Poebene mit ihrer sagenhaften Produktivität gemeint, die Kampfparole Umberto Bossis und seiner Autonomiebewegung Lega Nord, mit der er die norditalienischen Regionen einen will. Dann wird man stark genug sein, die Klötze am Bein loszuwerden – die »Diebesbande in Rom« und den »Schmarotzer Süditalien«. Seitdem die einst erzkatholischen Regionen Veneto und Friaul mit dem Zusammenbruch der Democrazia Cristiana infolge der Schmiergeldskandale Anfang der neunziger Jahre politisch verwaist dastehen, findet Bossi zunehmend Gehör. Zudem ist die Mutter der Lega Nord die Liga Veneta. Diese war in den siebziger Jahren entstanden, mit einem großen Programm kulturell-politischer Autonomie, den Freistaat Bayern als Vorbild, erreichte bei Wahlen aber kaum mehr als drei bis vier Prozent. Doch jetzt geht es nicht mehr nur um die Einführung des venetischen Idioms als Schulsprache, sondern nach den wirtschaftlichen Errungenschaften um politische Macht, um Steuerautonomie.

Ombra

Wo so viele und so gute Weine angebaut werden wie im Nordosten Italiens, gibt es natürlich auch die Rituale des Weintrinkens. Schon am späten Vormittag sieht man Leute, Männer wie Frauen, die sich an der Theke einer Bar ein Gläschen Weißwein genehmigen. Dieses kleine Gläschen nennt sich *ombra; ombra* heißt auf deutsch Schatten: Der Weinschenk auf den Märkten von einst folgte mit seinem Stand dem Schatten, um seinen Wein kühl zu halten. Aus »im Schatten trinken« wurde »einen Schatten trinken«.

Auch im Friaul hat das Gläschen Wein an der Theke, zum Aperitif, seinen Namen: einen *taj di blanc* oder auch *tajut.* Das kommt von *taglio,* Schnitt, und rührt von einer Zeit her, als man die zuckerarmen friulanischen Weißweine mit süßem Most aus Süditalien verschnitt. Zur *ombra* gibt es an der Bar die sogenannten *cicheti,* kleine, kräftig gewürzte Happen, Käse, Salami auf gerösteten Polentascheiben, angemachter Stockfisch, süß-sauer eingelegte Sardinen, salzige Sardellen auf Ei, scharf gewürzte Oliven etc.

Im Nordosten wachsen immerhin 15 Prozent der italienischen Weine (12,5 Prozent im Veneto, 2,5 Prozent im Friaul). Die bekanntesten Weine wie der rote *Valpolicella* und der weiße *Soave* haben ihren Ruf als mittelmäßige Massenweine in den letzten Jahren dank des Einsatzes engagierter Winzer zunehmend revidieren können. Ein frischer, weicher Rotwein, der *Bardolino,* wächst am Ostufer des Gardasees. Auf den Hügeln von Verona im Süden des Gardasees gedeiht der weiße, bekömmliche *Bianco di Custoza. Prosecco,* sowohl moussierend wie auch still, findet man nicht nur zwischen Valdobbiadene und Conegliano, sondern auch auf dem Montello und den Hügeln von Asolo. Etwas ganz Besonderes ist der *Recioto:* Man verwendet nur die obersten, der Sonne am stärksten ausgesetzten Trauben, die zudem ein bis drei Monate getrocknet werden. Fruchtig und süß, harmoniert der goldgelbe Recioto di Gambellara gut mit kräftigem Käse,

Roter Wein und rosa Marmor: Fumane im Valpolicella-Gebiet

aber auch mit Süßspeisen; ebenfalls zum Dessert paßt der *Recioto di Soave,* und der berühmte rote Recioto aus der Valpolicella, *Amarone* genannt, samtig und prachtvoll, trinkt sich ideal zu Wild. Für viele Weinkenner gehören die Weine aus Friaul, besonders aus den Hügeln des *Collio* bei Görz und den anschließenden *Colli Orientali,* zu den besten Weißen, die man in Italien zu trinken bekommt. Eine Traube, die im Friaul gut gedeiht, ist die Cabernet-franc-Rebe; sie ergibt kräftige Rotweine. Der *Picolit,* eine kostbare Rarität, wird aus einer kleinen, empfindlichen Traube gekeltert – ein feiner, strohgelber Dessertwein mit zartem Mandelaroma. Doch auch die Rot- und, vor allem, die Weißweine der Ebene sind empfehlenswert, vom Anbaugebiet *Grave del Friuli* in der Tagliamentoebene bis zum *Isonzo* südlich des Collio in der Ebene des Flusses Isonzo.

Schei

Schei, »Geld« im venetischen Dialekt, fließt eine Menge in Nordosten Italiens. Seit den achtziger Jahren hat es hier eine regelrechte Explosion an Produktivität und unternehmerischen Rekorden gegeben, so daß man von Wirtschaftswunder, von Boom, von der Lokomotive Italiens spricht. Die Arbeitslosigkeit geht gegen null. Einen Sprung nach vorn (und über die Grenzen) ermöglichte auch die Abwertung der Lira 1992. Tatsächlich kommt heute ein Fünftel des italienischen Exportaufkommens aus Venetien und Friaul, bei einer Bevölkerung, die nur ein gutes Zehntel der Italiener

ausmacht. Noch bis in die sechziger Jahre exportierte man Menschen, Arbeit suchende Armutsemigranten. Sie kamen aus den Berggegenden und dem Polesine, der von Malaria und Überschwemmungen geplagten östlichen Ebene des Pos. Ganze Täler und Dörfer mußten auswandern, nach Amerika, Argentinien, Deutschland. Ein Beispiel sind die Leute aus dem Cadore in den Dolomiten, die einen Großteil der Eisdielen in Deutschland, Österreich und der Schweiz betreiben. Insgesamt mußten fast sechs Millionen Menschen ihre Heimat verlassen, mehr als heute im Nordosten wohnen.

Hieß es gestern noch *polentone* (Polentafresser), *magnagatti* (Katzenfresser) und sprachen die Dienstmädchen in Theaterstücken und Filmen alle im venetischen Dialekt, fahren heute im Veneto mehr Leute Mercedes als in jeder anderen Region Italiens (und vielleicht auch Deutschlands), und Jacuzzi verkauft hier die meisten Massagewannen der Luxusklasse für die Badezimmer der bombastischen Einfamilienhäuser, die zwischen den Feldern, Weinbergen und Fabriken aus dem Boden schießen. In den Weinhügeln zwischen Cormons und Udine, um S. Giovanni al Natisone und Manzano, werden alljährlich 30 Millionen Stühle im feinmaschigen Netz von 800 Kleinbetrieben hergestellt, 80 Prozent der Stuhlproduktion Italiens, ein Drittel der europäischen. Im Gebiet des Brenta zwischen Venedig und Padua werden in 255 spezialisierten, hochtechnologisierten Kleinbetrieben alljährlich neun Millionen Schuhe der Luxusklasse produziert, die in die ganze Welt gehen. Aus Montebelluna und Umgebung kommen aus 400 Kleinbetrieben Jahr für Jahr 30 Millionen Sportschuhe, darunter ein weltweiter Marktanteil von 80 Prozent an Skischuhen. In Rossano Veneto, auf dem Weg nach Bassano del Grappa, produzieren unzählige Kleinbetriebe 30 Millionen Fahrradsättel im Jahr, die Hälfte der Weltproduktion. An der Spitze der europäischen Textilindustrie stehen die Familien Benetton und Marzotto aus der Provinz Treviso. In internationalen Ranglisten der weltweit bestgeführten Unternehmen findet sich regelmäßig Luxottica unter den ersten, der führende Brillenhersteller aus Agordo in den Dolomiten. Renzo Rosso mit seiner Jeansmarke Diesel aus Molvena bei Bassano del Grappa gilt als ernsthafte Konkurrenz des Klassikers Levi's. In den Werften von Monfalcone bei Triest werden die größten Schiffe der Welt gebaut. Kurz: Im Nordosten zählt man nahezu 500 000 Betriebe bei nicht einmal sechs Millionen Einwohnern – eine einzige, in zahllose kleine Familienzellkerne aufgespaltene Fabrik.

Längst muß man sich die Arbeiter unter Afrikanern, Kroaten, Bosniern suchen. Und das Bruttoinlandsprodukt, das im Nordosten pro Kopf produziert wird, liegt 15 bis 20 Prozent über dem nationalen Durchschnitt. Bei so viel Arbeitswut gehen die meisten Menschen hier spätestens um zehn zu Bett, und die Stadtzentren sind am Abend ziemlich ausgestorben. Zur Kehrseite zählen auch eine zunehmend lädierte Umwelt, nied-

rige Schulbildung, da die Jugendlichen gleich arbeiten gehen, um Geld zu verdienen, sowie ein hoher Drogenkonsum. Und die Kirche, bis vor ein paar Jahren noch unumstrittener sozialer Mittelpunkt in dieser katholischsten Gegend Italiens, hat mit rapidem Schwund zu kämpfen. Der Teufel ist schnell ausgemacht, die *schei.*

Sprachen

Tautsch beziehungsweise Zimbrisch, eine Art bayrisches Althochdeutsch, wurde noch bis vor ein paar Generationen in einigen Gebieten der venetischen Voralpen gesprochen, in den 13 Gemeinden der Lessinischen Berge, den sieben Gemeinden der Hochebene von Asiago, in Sappada bei Belluno; hierher hatte es im Mittelalter ein paar Gruppen von Bayern verschlagen. Doch mit dem Bergbauerntum stirbt auch die Sprache aus. Wohl aber ist im Nordosten Italiens das Lokalidiom sehr lebendig, die meisten Veneter sprechen ihren venetischen Dialekt, ebenso die Friulaner ihr Ostladinisch (das im 14. und 15. Jh. sogar Geschäftssprache war, bis es vom Venezianischen und Italienischen verdrängt wurde), eine rätoromanische Sprache, verwandt der Sprache der Graubündner und der Ladiner in Südtirol, und im Karst hört man fast nur Slowenisch.

Villen

Als es zu Beginn des 16. Jhs. mit den Geschäften auf den Weltmeeren nicht mehr so gut klappte, begannen die großen Kaufmannsfamilien Venedigs, die im Laufe der Jahrhunderte

Villa Rotonda bei Vicenza: Meisterstück von Stararchitekt Andrea Palladio

riesige Vermögen angesammelt hatten, ihren Aktionsradius auf die sogenannte Terraferma, das italienische Festland, zu verlagern. Man investierte in weite Ländereien und in die Landwirtschaft. Eine heute noch sichtbare Folge dieser Entwicklung und Ziel vieler Venetoreisender sind die wunderschönen Villen, Aberhunderte an der Zahl, die allerorten entstanden. Diese Villen sollten zum einen die urbane Kultiviertheit des *padrone* repräsentieren, zum anderen waren sie der Mittelpunkt des landwirtschaftlichen Betriebes.

So setzte sich dieser Stil durch, der einen stattlichen Zentralkörper für die Herrschaft vorsieht, an den sich in symmetrischer Ausgewogenheit zu beiden Seiten die arkadengeschützten Nebengebäude anschließen, die sogenannten *barchesse,* in denen die Familien der Landarbeiter, die Stallungen und die Gerätschaften untergebracht waren. Die Arkaden dienten dazu, daß der Besitzer »an jeden Ort unter einem Dach einhergehen kann, auf daß weder der Regen noch die glühende Sonne im Sommer ihn stören, wenn er nach seinen Geschäften schauen will«. Wer so verständnisvoll die Bedürfnisse der Villenbesitzer interpretierte, war Andrea Palladio (1508–1580), dessen Stil aus »antikem Ernst und venezianischem Zauber« (Joachim Fest) geradezu ideal den Anspruch auf Hierarchie und zugleich den Wunsch nach einem »behaglichen« Arkadien zu vereinen wußte, die »Privatisierung des antiken Tempels«. Seine Verwendung antiker Stilelemente zeigt sich vor allem in den zweigeschossigen Säulenfronten, in Kolossalsäulen, die über zwei Stockwerke gehen, in Tempelfronten, im Portikus. Es heißt, daß kein Gesamtwerk in der Geschichte der Architektur einen derartigen Nachruhm und Einfluß, vor allem auf die englische und amerikanische Architektur des 16. bis 19.Jhs., gehabt habe wie das des Palladio. Dazu wird man wohl auch das Weiße Haus in Washington zählen müssen.

19 Palladio-Villen stehen noch, zu den schönsten zählen die Villa Rotonda bei Vicenza (Paradebeispiel für die Verwendung des Portikus) und die Villa Emo in Fanzolo di Vedelago.

Prosecco, Prosciutto und Polenta

*Slawische und österreichische Einflüsse bereichern
die Küche des Nordostens*

Schon beim Antipasto stoßen Sie auf die beiden bekanntesten gastronomischen Erzeugnisse aus Friaul und Venetien: *prosciutto* und Prosecco. Der Schinken kommt aus dem Friaul, der berühmteste, mild-aromatische, aus S. Daniele, der weniger bekannte, aber wunderbar rauchig-würzige aus Sauris in den Karnischen Alpen, und auch der Karst hat seinen Schinken. Der frische, trockene Schaumwein Prosecco stammt von den Weinhängen zwischen Conegliano und Valdobbiadene im Veneto; damit könnte man eine Mahlzeit eröffnen. Oder mit Carpaccio, hauchdünn geschnittenem, rohem Rindfleisch, mit einer Marinade aus Zitrone und Olivenöl beträufelt; in Harry's Bar in Venedig soll das einst erfunden worden sein.

Abgesehen von Venedig, wo Sie ziemlich genau wissen sollten, in welches Lokal Sie gehen, weil Sie ansonsten viel Glück oder Geld brauchen, treffen es

Antica Locanda am Ufer des Mincio in Valeggio: Schlemmen am Busen der Natur

Schlemmer und Genießer sehr gut im Veneto und im Friaul. Eine handfeste, schmackhafte Küche, die, wie man sich leicht vorstellen kann, an der Küste wesentlich auf Fisch und Meeresfrüchten basiert und im Landesinneren auf Fleisch und Wild.

Der gemeinsame Nenner beider Regionalküchen ist die Polenta, der gelbe, dampfende Brei aus Maisgrieß, der wunderbar zu Wild, Pilzen, Käse (etwa dem friulanischen Salato Morbido, einem gesalzenen Weichkäse) oder geschmorten Tintenfischen paßt. In Verona ergänzt man die Polenta mit der *pastizzada de caval,* würzigem Geschnetzeltem aus mariniertem Pferdefleisch. Auch zu Vicenzas traditionellem Hauptgericht gehört Polenta, zum *baccalà alla vicentina,* luftgetrocknetem Stockfisch, in Milch weichgekocht und mit Käse, Zimt und Knoblauch kräftig gewürzt. Ebenso beliebt sind gegrillte Polentascheiben, etwa zu einem der wenigen typischen Fleischgerichte Venedigs, zum *fegato alla veneziana,* Leber mit viel Zwiebeln und Salbei aus der Pfanne.

Eine weitere nordöstliche Ge-meinsamkeit neben der Polenta ist die *pasta e fagioli,* eine Suppe aus dicken Bohnen und Teig-streifen, sowie die Tatsache, daß Pasta ansonsten nicht unbedingt im Mittelpunkt des Speisezettels in dieser Ecke Italiens steht – bis auf die *bigoli,* Spaghetti im vene-tischen Dialekt, die am liebsten mit einer Sauce aus Sardinen oder aus Entenfleisch gegessen werden. Im Friaul sind es die Teigtaschen *ciarsòns,* die mit allem gefüllt werden, was Gemüsegar-ten, Kräuterbeet, Käserei und Gewürzbrett zu bieten haben. Man hat einige Dutzend Rezepte gezählt! Im Alltag begnügt man sich freilich oft mit Bohnen- oder Graupensuppe *(zuppa d'orzo).* In Triest und im Karstgebiet ist der slawisch-österreichische Einfluß zu spüren, da heißt die Suppe *jota* und besteht aus Bohnen, sauren Rüben, Zwiebeln und Speck. In Görz füllt man *gnocchi* aus Kar-toffeln gern mit Pflaumen und bestreut sie mit Zucker, Mohn und heißer Butter.

Anstelle der Pasta, die gleich-wohl natürlich überall zu finden ist, bevorzugt die Tradition den Reis, vor allem im Veneto und in Venedig. Es gibt zahllose Varian-ten von Risotto, die bekanntes-ten sind das schwarze Risotto mit Tintenfisch, *risi e bisi* (Reis mit Erbsen) oder Risotto mit dem bitteren, roten Radicchio aus Treviso. Hier kocht man auch kräftige Würste zusammen mit Reis: *risi e luganega.* Reis mit Spar-gel oder mit Bohnen ißt man da-gegen in Udine.

Venedig ist die Stadt der Mee-restiere, wie sollte es in der La-gunenstadt auch anders sein: Tintenfische, Venusmuscheln, Miesmuscheln, Krebse, Meer-spinnen und Jakobsmuscheln, in Weißwein gesotten, überbacken, gratiniert. Als Vorspeise sind die *sarde in saor* gedacht, gebratene Sardinen, die in Essig, Öl, Zwie-beln, Rosinen und Pinienkernen süß-sauer eingelegt werden. Fi-sche werden am liebsten in Öl gebacken *(fritto misto di mare),* oder sie kommen ganz einfach vom

Grappa

Viele bringen den Beinamen der Stadt Bassano »del Grappa« in Verbindung mit Italiens berühmtestem Schnaps. Bassano hat sei-nen Namen aber vom nahen Berg Monte Grappa, der Schnaps hingegen vom lateinischen »grappulus«, was Weintraube heißt. Ein paar Zufälle brachten die beiden *grappe* zusammen: die nahen Weinberge (Grappa wird aus Traubentrester destilliert) und die Schlachten auf dem Monte Grappa 1915–18 – für die Gebirgs-jäger, die *alpini,* wurde der Schnaps zum Lebenselixier. Überall wo Wein angebaut und es im Winter kalt wird, vom Piemont bis ins Friaul, wird Grappa destilliert. Vom rauhen, harten Rachenputzer zum edlen Gourmettropfen und absoluten Mode-*digestivo* hat ihn in den letzten Jahren die friulanische Schnapsbrennerin Giannola Nonino gemacht: in hauchzarten Flaschen, mit dem Aroma ausge-wählter einzelner Traubensorten, das Ganze zusätzlich veredelt vom Spiritus eines alljährlich verliehenen Literaturpreises.

Grill; wenn es gut gemacht ist, wohl die beste Art, das Fischaroma zur Geltung zu bringen. Auf diese beiden Arten zubereitet, bekommen Sie ihn längs der gesamten Adriaküste. Natürlich gibt es auch die Fischsuppe *brodetto.* Im Podelta trifft man zudem auf Aal und am Gardasee, wenn Sie Glück haben, auf Seekarpfen und Renken.

Auch im Friulaner Binnenland ist Grillen angesagt, doch sind es hier eher alle möglichen Fleischsorten, Würste, Innereien und Gemüse, die auf dem *fogolar* brutzeln, der offenen Feuerstelle mitten im Speiseraum, auf die viele Restaurants und Trattorien nach wie vor großen Wert legen. Typisch fürs Friaul ist auch der *frico,* zusammen mit Zwiebeln und Kartoffeln in Öl und Schmalz knusprig gebratener Montasio-Käse. *Bolliti,* verschiedenes Kochfleisch, gibt es im ganzen Nordosten, in den Triestiner Buffets gesellen sich außerdem Gulasch und Schinken in Kruste dazu. Ein Bauerngericht im Friaul ist *muset e brovada,* Kochwurst mit in Traubentrester gegorenen weißen Rüben.

Unter den Gemüsesorten triumphiert der rote Radicchio, vor allem der langblättrige, bittere aus Treviso, der am liebsten gegrillt oder im Risotto gegessen wird. Der rundköpfige aus Chioggia hingegen wird meist als Blattsalat zubereitet. Bekannte Anbaugebiete für weißen Spargel sind Bassano del Grappa und die Umgebung von Görz.

Aus den Bergen kommen die würzigen Käsesorten: der Asiago (Hochebene von Asiago), der Montasio (Friaul) und der Monte Veronese (Lessinische Berge).

Hier macht das Schwein Karriere: Schinkenmetropole S. Daniele

Dem prägenden Einfluß der Österreicher ist der Reichtum an Süßspeisen zu verdanken: *Fritole,* in Öl ausgebackene, süße Teigbällchen, bekommen Sie von Verona bis nach Istrien, in Triest ißt man, den Habsburgern sei Dank, Strudel, Palatschinken, Buchteln. Für Udine und das Friaul typisch ist die *gubana,* ein üppig mit Mandeln, Nüssen, Rosinen angereichertes Hefegebäck, das man aber auch in Triest, in Slowenien, in Kärnten findet.

Und was trinkt man dazu? Da es in Veneto und Friaul praktisch kein Gebiet gibt, das nicht seine eigenen Weine hat, bleibt nur die Qual der Wahl. Wer kein ausgesprochener Weinkenner ist, ist mit den offenen lokalen Tischweinen fast immer gut beraten, und auch das einfache Glas am Bartresen ist im Nordosten Italiens meist besser als anderswo. Zu guter Letzt der Digestif: Abgesehen vom Slivowitz in Triest und längs der slowenischen Grenze dominiert in dieser Weingegend natürlich die aus Weintrester gebrannte Grappa.

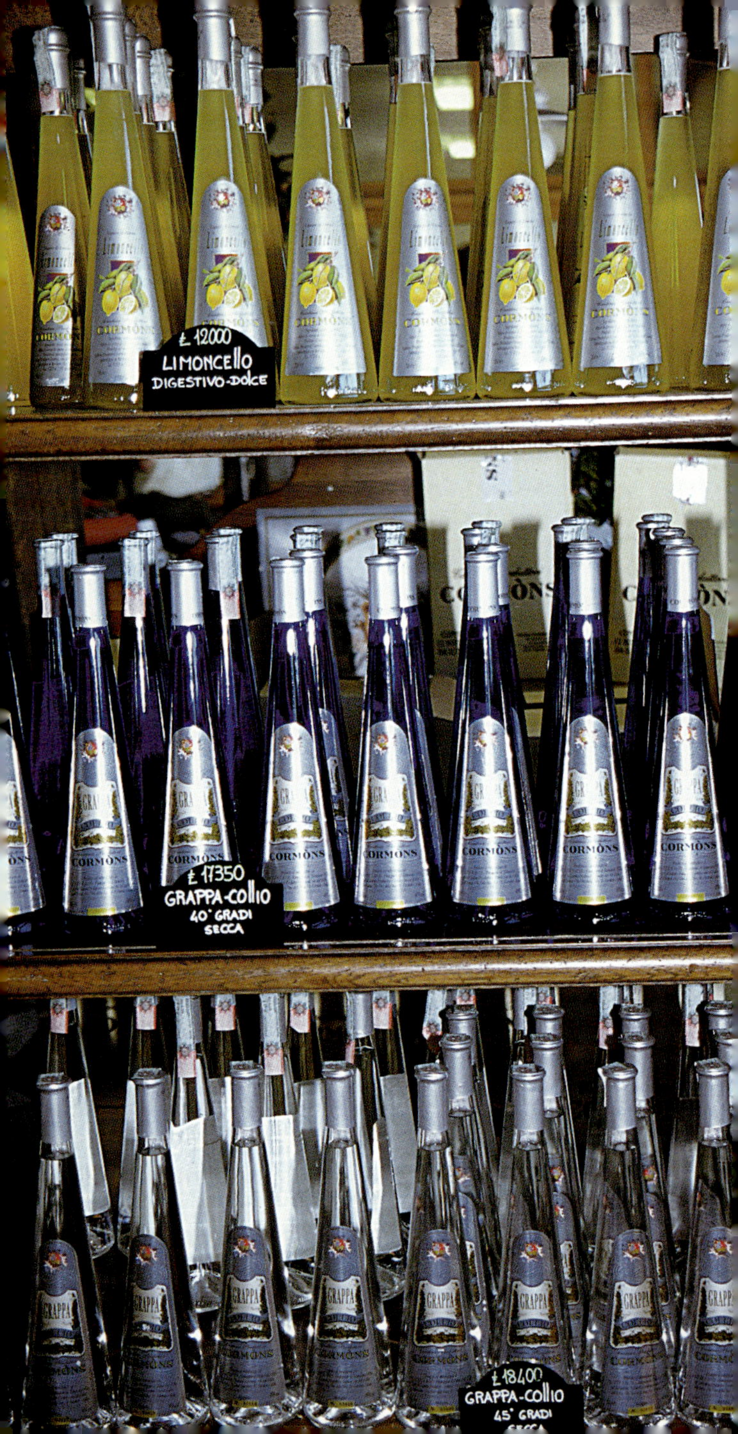
£ 12000
LIMONCELLO
DIGESTIVO-DOLCE
£ 17350
GRAPPA-COLLIO
40° GRADI
SECCA
£ 18400
GRAPPA-COLLIO
45° GRADI
CORMÒNS
GRAPPA

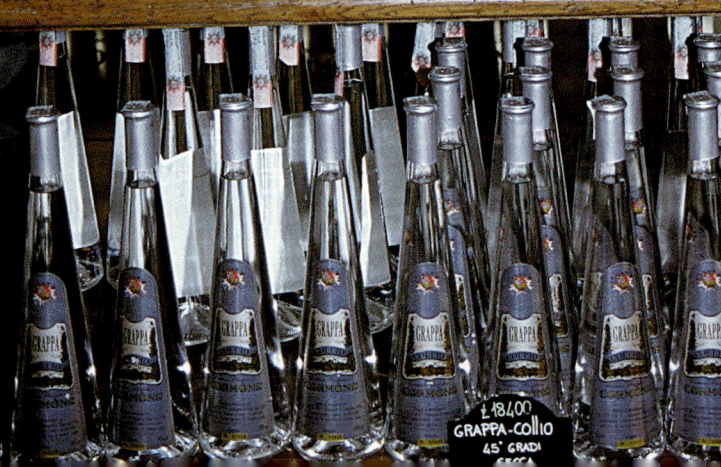

Schuhe, Schnaps und Schnäppchen

Direktverkauf auf Weingütern, bei Brillen- und Jeansherstellern

In vielen Städten und Kleinstädten der Weinanbaugebiete findet man Weinhandlungen, *enoteche,* oder die *cantina sociale,* die Genossenschaftskellerei. Außerdem stellen die Fremdenverkehrsämter der Weinanbaugebiete Adressenlisten der Winzer *(azienda vinicola)* mit Direktverkauf zur Verfügung. Wo Wein entsteht, gibt es meistens auch Grappa, schließlich wird dieser Schnaps aus Traubentrester destilliert. Die wohl berühmteste und edelste Grappa Italiens macht eine Frau, Giannola Nonino, im Dorf Percoto 13 km südöstlich von Udine *(Nonino, V. Aquileia 104, Destillerie mit Verkauf, Sa / So geschl.).*

Auch Schinken, Salami und Speck eignen sich als Mitbringsel, zu haben etwa direkt bei den Schinkenherstellern in S. Daniele und in Sauris di Sopra in den Karnischen Alpen. In den Voralpengebieten können Sie wunderbare getrocknete Pilze kaufen. Ein weiteres kulinarisches

Im Collio können Sie außer Wein auch besonders gute Grappe kaufen

Mitbringsel ist das aromatische Olivenöl vom Gardasee oder das Olivenöl von Asolo.

Ein paar Tips für Schnäppchenjäger: Diesel-Jeans bekommen Sie billiger bei *Welcome Surplus (V. Ponticello 34, Molvena, Tel. 04 24 41 18 11)* an der Straße von Marostica nach Mason Vicentino. Schicke Brillen finden Sie im Cadoretal im Zentrum der europäischen Brillenherstellung: *Ottica de Lotto (V. Nazionale 31, S. Vito di Cadore).*

Keramik gibt's in *Bassano del Grappa,* in *Este,* in *Vicenza* und *Padua,* Spitzen in *Asolo* und natürlich auf der Spitzeninsel *Burano* in der Lagune Venedigs. In den Dolomiten und den Karnischen Alpen findet man Schnitzarbeiten, Kunstschmiede, Webwerkstätten (etwa in *Sauris*); große Mode sind z. Zt. die typischen *scarpêts* der Karnier, Pantoffeln aus Samt. Zu guter Letzt verdient die weltberühmte Glasbläserei auf Murano Erwähnung, etwa aus der Werkstatt *Barovier & Toso (Fondamenta Vetrai 28),* seit 1259 in ein und derselben Familie und damit Europas älteste Kunsthandwerkstatt.

Karneval und Kanalregatta

*Winterliche Feuerrituale und Melodramen
in römischer Kulisse*

1. Januar *(Capodanno)*; 6. Januar *(Epifania)*; Ostersonntag und -montag *(Pasqua)*; 25. April, Tag der Befreiung vom Faschismus *(Liberazione)*; 1. Mai *(Festa del Lavoro)*; 15. August *(Ferragosto)*; 1. November *(Ognissanti)*; 8. Dezember *(Immacolata Concezione)*; 25. Dezember *(Natale)*; 26. Dezember *(S. Stefano)*

6. Januar

In Tarcento bei Udine die *Festa dei Pignarui,* Dreikönigsfeuer auf den umliegenden Hügelkuppen mit festlichem Umzug, Musik und Tanz.

Karnevalszeit

Neben dem berühmten 🏃 *venezianischen Karneval* mit seinen aristokratischen Masken wird Karneval überall auf eher volkstümlich-spöttische Art gefeiert: Zu

Weltberühmt ist der Karneval in Venedig. Doch gefeiert wird in der ganzen Region, und das oft volkstümlicher und weniger überlaufen

den traditionsträchtigsten gehören die *belli e brutti* (die Schönen und die Häßlichen) in Dosoledo und der *Zug der Holzmasken* in Sappada, beide in der Provinz von Belluno, sowie der *antike Karneval* in Sauris in den Karnischen Alpen mit magischem Maskenzug und großen Feuern im Wald. Ein bunter *Karneval* mit Tanz auf der Piazza Marconi, Riesenomelett und Versenken des alten Karnevals (einer Puppe) im Meer, findet in Muggia statt.

März

⭐ *Festa del Fuoco* in Forni Avoltri in den Karnischen Alpen am Wochenende nach Sankt Joseph (19. März): Die Jugendlichen rollen riesige brennende Scheiben *(Tir des Cidulos)* vom Berg Colle di Tops hinunter, ein spektakuläres Wintervertreibungsritual.

Osterzeit

Am Karfreitag in Erto nördlich von Belluno die eindrucksvollste *Christuspassion* der Gegend.

Mai

Zu Himmelfahrt werden beim *Bacio delle Croci* in Zuglio in den

Karnischen Alpen in festlicher Prozession alle Kreuze aus den Kirchen hinauf zur Kirche S. Pietro getragen, zum symbolischen Kuß mit dem dortigen Kruzifix.

Festa della Sensa in Venedig am Sonntag nach Himmelfahrt: Typisch venezianische Boote begleiten den »Bucintoro«, das prachtvolle historische Dogenschiff, über die Lagune zur Vermählung Venedigs mit dem Meer.

Am letzten Maiwochenende feiert Galzignano Terme in den Euganeischen Hügeln die *Festa della Fragola,* das Erdbeerfest, eines der zahllosen Gastronomiefeste mit Schmaus und Unterhaltung in Venetien und Friaul.

Juni

Festa del Santo am 13. Juni: religiöse Feierlichkeiten mit Markt und Musik zu Ehren des heiligen Antonius in Padua.

Der ⚱ *Palio de La Marciliana* am dritten Juniwochenende ist ein Fest auf den Kanälen von Chioggia in Erinnerung an den mittelalterlichen Chioggia-Krieg.

Der ⚱ *Palio delle Barche,* ein spektakulärer Ruderwettkampf auf dem Brenta (Start in Stra bei Padua), wird ebenfalls am dritten Juniwochenende ausgetragen.

Juli

Ein Jugendtreff ist das Rockmusikfestival *Beach Bum* mit Trendgruppen aus aller Welt in der ersten Juliwoche in Jesolo.

Die ★ *Festa della S. Maria di Barbana* in Grado am ersten Julisonntag ist eine Bootsprozession zu dem Marienwallfahrtsort auf einer Insel in der Lagune.

Bei der ⊛ ⚱ *Festa del Redentore* am dritten Juliwochenende machen alle Venezianer mit: eine Prozession zur Insel Giudecca in die Palladio-Kirche in Gedenken an eine Pestepidemie von 1576; die Samstagnacht verbringen die Venezianer bei Wein und Feuerwerk auf ihren Booten.

Beim Mittelfest in den beiden letzten Juliwochen in Cividale del Friuli stehen Theater, Musik und Tanz mittel- und osteuropäischer Künstler im Blickpunkt.

Juli/August

★ *Opernsaison* in der riesigen römischen Arena in Verona.

Festival delle Ville: Musik, Theater, Film in den Villen am Brenta;

MARCO POLO TIPS FÜR FESTE

1 Festa del Fuoco in Karnien
Mit lichterloh brennenden Scheiben vertreiben die Friulaner den Winter (Seite 25)

2 Oper in Verona
Auf römischen Tribünen herzzerreißende Klänge unter dem Sternenhimmel (Seite 26)

3 Festa della S. Maria di Barbana
Sommerliche Wallfahrt übers Meer, ein besonders stimmungsvolles religiöses Fest in Grado (Seite 26)

4 Sagra degli Osei
Zum Konzert der Vogelstimmen ins friulanische Gartenstädtchen Sacile (Seite 27)

Marostica: Die Piazza wird zum Spiel-Platz – leider nur alle zwei Jahre

Auskunft in Mira, Stra und Mirano.

Luci e Suoni: Die Geschichte von Maximilian und Charlotte wird allabendlich als Son-et-Lumière-Spektakel im Kastell von Miramare aufgeführt.

August

Die ☀ *Festa del Palio* in Feltre am ersten Augustwochenende ist ein traditionsträchtiges, beliebtes historisches Reiterspiel.

Am Sonntag nach dem 15. August findet seit 1274 im Städtchen Sacile bei Pordenone ein Vogelmarkt, die ★ *Sagra degli Osei,* statt – ein unbeschreibliches Gezwitscher, dazu die *Gara di Chioccolo,* der Wettbewerb der Vogelstimmenimitatoren.

August/September

In Asolo gastiert das internationale Kammermusikfestival *Musica da Camera.*

September

Festival d'Autunno: Klassisches Theater spielt den ganzen September hindurch in Palladios Teatro Olimpico in Vicenza.

Die *Regata Storica* am ersten Septembersonntag in Venedig ist unter den seit Jahrhunderten üblichen Ruderwettfahrten die spektakulärste; in prachtvollen historischen Booten geht es über den Canal Grande.

Partita a Scacchi: Eine Schachpartie mit lebenden Figuren wird auf der schönen, als Spielbrett gepflasterten Piazza von Marostica alle zwei Jahre am zweiten Septemberwochenende (2000, 2002...) gespielt.

Wo, wenn nicht mitten im Collio: Am zweiten Septemberwochenende feiert Cormons die *Festa dell'Uva,* ein buntes Weinfest mit Festwagenumzug und Präsentation des »Friedensweins« aus allen Rebsorten der Welt.

Oktober

Am zweiten Wochenende erlebt Triest mit der *Barcolana* die größte Segelregatta des Mittelmeers.

Wasser ist das beherrschende Element

Die Lagune Venedigs, Villen am Brenta und heilende Quellen

Auch auf dem Festland bewegten sich die Venezianer am liebsten auf Wasserwegen fort: Über den Brenta ging es von den Anlegeplätzen direkt vor ihren herrlichen Landvillen bis in die altehrwürdige Universitäts- und Handelsstadt Padua, und über

Nahverkehr alla veneziana:
Adriabrise statt Abgasschwaden

den Canale di Battaglia gelangten sie bis an die Euganeischen Vulkanhügel. Sie sind bis heute Ziel beschaulicher Landpartien und wichtiges Thermalzentrum. Die reizvolle Brentastrecke zwischen Padua und Venedig fährt nunmehr das Touristenschiff »Burchiello« ab, und mit Linien- und Ausflugsbooten kann man die Lagune Venedigs und das Podelta erkunden.

Hotel- und Restaurantpreise

Hotels
Kategorie 1: ab 220 000 Lit
Kategorie 2: ab 120 000 Lit
Kategorie 3: bis 120 000 Lit
Die Preise gelten für ein Doppelzimmer pro Nacht. In der Hochsaison sind in den Badeorten oft nur Zimmer mit Halb- oder Vollpension zu bekommen.

Restaurants
Kategorie 1: ab 80 000 Lit
Kategorie 2: ab 45 000 Lit
Kategorie 3: bis 45 000 Lit
Die Preise gelten für eine für das jeweilige Lokal typische Mahlzeit mit drei Gängen, oft sind Wasser und der offene Hauswein inbegriffen.

Wichtige Abkürzungen

P.	Piazza	**S.**	San / Santa / Santo / Sant'
V.	Via	**SS.**	Santi / Sante

PADUA (PADOVA)

☞ Stadtplan in der hinteren Umschlagklappe

(**114/B 3**) Ob es regnet oder die Sonne sticht: Im Schutz der geduckten mittelalterlichen Laubengänge, die die Gassen und Plätze im Zentrum auf 24 km Länge säumen, bummelt es sich unbehelligt, vorbei an den Auslagen der zahlreichen Läden, im Strom geschäftiger Einheimischer und junger Leute, zumeist Studenten der uralten, 1222 gegründeten Universität. Im Sommer hell und warm mit ihren Pastellfarben aus braunem Ziegel, hellgrauem Gestein und sandfarbenem Verputz, im Winter sanft eingehüllt in den Nebeldunst der Ebene, liegt die Stadt (220 000 Ew.) nur 30 km landeinwärts von Venedig. Neben Verona ist sie das zweite große, urbane Zentrum im Veneto. Gebäude und Plätze offenbaren die beiden Gesichter Paduas: zum einen – trotz der vielen Studenten (55 000) – das der stolzen, bürgerlichen Provinzstadt mit dem prachtvollen Versammlungshaus Palazzo della Ragione, im Mittelalter beispielhafter Ausdruck für die freie Stadtkommune und damals wie heute vom lebhaften Getümmel des täglichen Marktes regelrecht umbrandet. Zum anderen das der bedeutenden Pilgerstadt, die alljährlich Ziel vieler Millionen von Gläubigen ist. Ans Grab des heiligen Antonius in der ihm gewidmeten Basilika zieht es sie seit mehr als 700 Jahren. Dieser sanftmütige Antonius, in Lissabon geboren, in Padua 1231 gestorben, gilt als der wohl volksnächste Heilige der katholischen Christenheit. Paduas traditionelle Prosperität zeigt sich nicht zuletzt in den Großmeistern, die hier gearbeitet haben: Giotto malte seinen berühmten Freskenzyklus in der Cappella degli Scrovegni, Donatello schuf den sagenhaften Bronzereiter Gatta-

---

MARCO POLO TIPS
FÜR PADUA, VENEDIG UND DAS PODELTA

1 Fresken in Paduas Cappella degli Scrovegni
Giottos Jüngstes Gericht im Auftrag eines Paduaner Bankiers (Seite 31)

2 Bronzereiter Gattamelata in Padua
Donatellos Idealbild des Renaissancemenschen (Seite 32)

3 Villen am Brenta
Elegante Landpartie der reichen Patrizier Venedigs (Seite 34)

4 Euganeische Hügel
In den Vulkanbergen Villen, Klöster und Thermalbäder (Seite 36)

5 Podelta
Ein Zwischenreich aus Land und Wasser (Seite 37)

6 Gesamtkunstwerk Venedig
Stippvisite in der Traumstadt auf dem Wasser (Seite 39)

Beim Cappuccino in den Cafés der Piazza delle Erbe haben Sie stets den gewaltigen Palazzo della Ragione im Blick

melata. Wenn in der Mittagszeit die Stadt zur Ruhe kommt, sitzt es sich wunderschön beim Imbiß an der eleganten Piazza Cavour unter der schattigen Markise des gleichnamigen Cafés.

BESICHTIGUNGEN

Cappella degli Scrovegni

★ In der Grünanlage des Stadtparks Giardini d'Arena (im Sommer Freilichtveranstaltungen) mit den spärlichen Resten der römischen Arena steht diese kleine Kapelle, die einen der großen Kunstschätze Italiens birgt: Ihre Wände sind über und über mit farblich wunderbar erhaltenen Fresken von Giotto di Bondone ausgemalt, dem bedeutendsten italienischen Maler zwischen Mittelalter und Renaissance. Thema der Auftragsarbeit von 1305 für den Paduaner Bankier Enrico Scrovegni war das Jüngste Gericht. Die Madonnenstatue (1306) ist auch von einem ganz Großen, von Giovanni Pisano. *März–Okt. tgl. 9–19, Nov.–Feb. 9–18 Uhr, Corso Garibaldi/P. Eremitani*

Orto Botanico

Der älteste botanische Garten Europas liegt zwischen Basilika und Prato della Valle. Er ist einer der artenreichsten. *März–Okt. tgl. 9–13 u. 15–18, Nov.–Feb. Mo–Sa 9–13 Uhr*

Palazzo della Ragione

Treffpunkt der Paduaner – zum Einkaufen, zum Aperitif im *Café Margherita* – sind die beiden Plätze, die den gewaltigen Palazzo flankieren: ❀ *P. delle Erbe* (der Kräuter) und ❀ *P. della Frutta* (des Obstes) mit farbenprächtigen Gemüse- und Obstauslagen und Kleiderständen; weiter geht es im Erdgeschoß des Palastes mit Fleisch-, Fisch- und Käseläden. Das mächtige Gebäude, das weit über die umliegenden Häuser ragt, entstand 1218 als Gerichtssitz der freien Bürgerstadt. Das Innere ist ein einziger riesiger Saal, 78 m lang, 27 m breit und genauso hoch, darin ein einsames Pferd aus Holz, eine Nachahmung des Gattamelata-Rosses von 1466. 1309 kamen die Außenloggien und das Dach hinzu, das wie ein umgestülpter Schiffsrumpf aussieht. An seiner Ost-flanke erhebt sich der *Palazzo Co-munale* (13./16. Jh.), im Mittelalter Sitz des Bürgerrats, heute das Rathaus. An der Westflanke geht es auf die P. dei Signori.

Piazza del Santo

Blickfang am Platz vor der Basilika sind zum einen die bunten Buden mit Andenken und Votivkerzen, zum anderen das ★ Reiterstandbild des venezianischen Söldnerführers Erasmo da Narni, *Gattamelata* genannt. Donatello, der von 1443 bis 1453 in Padua lebte und arbeitete, schuf es im Auftrag der Familie Narnis. Das Meisterwerk gilt als die erste und vollendete Darstellung des Renaissancemenschen: selbstbewußt und gelassen auf seine eigenen Kräfte vertrauend und somit frei von heroischer Attitüde. Gattamelatas Grab befindet sich übrigens in der ersten Seitenkapelle rechts in der *Basilica di S. Antonio*. In jener Zeit schuf Donatello auch die Bronzeskulpturen auf dem Hauptaltar. Acht Kuppeln und minarettartige Kirchtürme (16. Jh.) bilden einen venezianisch-orientalischen Überbau auf dem romanisch-gotischen Ziegelgebäude (ab 13. Jh.), diesem Kulttempel mit seiner überreichen Innenausstattung (14.–17. Jh.). Das *Museo Antoniano* (*März–Okt. tgl. 9–13 u. 14.30–18.30, Nov.–Feb. 9–13 u. 14.30–17.30 Uhr*) im Innern der Basilika zeigt Votivbilder, Gemälde von Tiepolo, Tizian, Mantegna und Studien Donatellos zur Gattamelata-Statue. Ziel der Pilger ist die prachtvolle Grabkapelle des Heiligen im linken Querschiff. Im rechten Querschiff befindet sich die gotische *Cappella S. Felice*

mit schöner Freskenmalerei (1374–1378) von Altichiero da Zevio. Vom rechten Seitenschiff aus gelangt man in drei Kreuzgänge des zur Basilika gehörenden Franziskanerklosters. Im ersten und ältesten (1240) steht eine berühmte, jahrhundertealte Magnolie. Rechts von der Basilika wartet die ebenfalls von Altichiero da Zevio und Helfern wunderbar ausgemalte Betkapelle *S. Giorgio* (1379–1384); dahinter liegt die sogenannte *Scuola del Santo (März–Okt. tgl. 9–12.30 u. 14.30–19, Nov.–Feb. 9.30–12.30 u. 14.30–17 Uhr)* aus dem 16. Jh. mit weiterer sehenswerter Freskenmalerei, u. a. von Tizian. Laubengänge mit Cafés und Andenkenläden flankieren die Piazza.

Piazza dei Signori

Diese Piazza von eher kühlem Stolz spiegelt die Zeit Paduas unter den Fittichen Venedigs wider, die Säule mit dem Markuslöwen zeigt es deutlich. Dazu gehören die elegante *Loggia del Consiglio* (auch *Loggia della Gran Guardia* genannt) aus dem 16. Jh. und der symmetrische Palast des venezianischen Statthalters *Palazzo del Capitanio* (1605) mit dem mittigen Uhrturm über dem Triumphbogen, durch den man auf einen weiteren Platz, die rückseitige *P. del Capitaniato,* gelangt.

Prato della Valle

Man muß diesen Platz gesehen haben, weil er so weiträumig ist. Er ist einer der größten Europas: ein ausladendes, von einem Kanal gefaßtes Oval mit einem Wald aus Steinstatuen und Fontänen, ein Treffpunkt für Kinder und Jugendliche. Doch wirklich lebhaft wird's hier erst am Samstag, wenn sich die Piazza in einen riesigen Wochenmarkt, und jeden dritten Sonntag, wenn sie sich in einen Antiquitäten- und Flohmarkt verwandelt. Eine geduckte Häuserzeile mit Laubengängen zieht sich um das Areal, im Südosten hingegen türmt sich *S. Giustina* auf, die größte Renaissancekirche Venetiens (16. Jh.). Typisch sind die Kuppeln auf dem Dach.

Università

Der alte Universitätsbau aus dem 16. Jh., mit schönem Innenhof voller alter Wappen der Professoren und Studenten, befindet sich gleich hinter dem Rathaus. Den genialen Anatomiesaal von 1584 kann man mit Führung besichtigen. *Di, Do, Sa 9, 10, 11 Uhr, Mo, Mi, Fr 15, 16, 17 Uhr, V. VIII Febbraio*

MUSEUM

Museo Civico agli Eremitani

Neben vorgeschichtlichen, römischen und frühchristlichen Fundstücken zeigt das Museum in dem ehemaligen Eremitanerkloster eine reiche Gemäldesammlung vorwiegend venetischer Künstler, darunter Giorgione und Tintoretto. *Feb.–Okt. Di–So 9–19, Nov.–Jan. 9–18 Uhr, P. Eremitani 8*

RESTAURANTS

Le Calandre

Vor den Toren Paduas, 8 km nordwestlich auf der SS 11, liegt das Feinschmeckerziel in und um Padua, modern und elegant, mit komfortablem Hotel (*35 Zi.,*

Kategorie 2–3). So-Abend u. Mo geschl., Sarmeola di Rubano, V. Liguria 1, Tel. 049 63 03 03, Kategorie 1

Leonardi

Ausgezeichnetes Weinlokal mit abwechslungsreicher Küche, im Sommer auch draußen im Hof, in der Nähe der P. delle Erbe. *Di-Mittag u. Mo geschl., V. Pietro d'Abano 1, Tel. 04 98 75 00 83, Kategorie 3*

Osteria dal Capo

Trattoria beim Dom mit handfester Küche: Stockfisch, Polenta mit Pilzen, Kürbisklößchen. *So geschl., V. degli Obizzi 2, Tel. 049 66 13 05, Kategorie 3*

EINKAUFEN

Markt ist um den *Palazzo della Ragione (Di–So)*, Sa außerdem *Wochenmarkt* auf dem *Prato della Valle*, hier auch *Antiquitätenmarkt* am dritten So im Monat. Jede Menge Läden finden Sie unter den Lauben im Zentrum, die edlen italienischen Modemarken residieren in der *Galleria Borromeo* an der *P. Insurrezione* und in den Straßen *V. S. Fermo, V. Martiri della Libertà, V. Cavour.*

ÜBERNACHTUNG

Leon Bianco

Unter Professoren der Geisteswissenschaften beliebtes, kleines Hotel im Zentrum neben dem berühmten Caffè Pedrocchi, das zur Zeit restauriert wird. *22 Zi., P. Pedrocchi 12, Tel. 04 98 75 08 14, Fax 04 98 75 61 84, Kategorie 2*

Majestic Toscanelli

Ein stilvolles Bürgerhotel, nicht nur für Geschäftsleute, mitten in der Altstadt unweit des Doms. *32*

Zi., V. dell'Arco 2, Tel. 049 66 32 44, Fax 04 98 76 00 25, e-mail: Maje stic@wrightme.com., Kategorie 1–2

Ostello della Gioventù

Jugendherberge »Città di Padova« mit 112 Betten (16 Schlafplätze pro Raum, vier Familienzimmer), zentral. *V. Aleardi 30, Tel. 04 98 75 22 19, Fax 049 65 42 10, Kategorie 3*

Sagittario

Etwas außerhalb, wo der Brentakanal beginnt, in schönem Garten gelegen. Komfortabel und mit gutem Restaurant *Dotto di Campagna (So–Abend u. Mo geschl.). 41 Zi., Ponte di Brenta, Ortsteil Torre, V. Randaccio 6, Tel. 049 72 58 77, Fax 04 98 93 21 12, Kategorie 2*

AM ABEND

Die Studenten prägen Paduas Nachtleben: Man trifft sich in den Lokalen an der *V. Savonarola,* etwa im *Anthenor (Mo geschl.),* oder in den Bars an der *P. delle Erbe.* Im Sommer Veranstaltungen in den *Giardini dell'Arena,* im Winter Konzerte und Theater im *Teatro Verdi (V. dei Livello 32, Tel. 04 98 76 03 39).*

AUSKUNFT

Riviera dei Mugnai 8, Tel. 04 98 75 06 55, Fax 049 65 07 94, www.Padovanet.it
Bei der Touristeninformation im *Bahnhof (Tel. 04 98 75 20 77)* gibt es die günstige Sammeleintrittskarte »Padova Arte« für die wichtigsten Sehenswürdigkeiten und die Jugendkarte »Rolling Padova«, die Vergünstigungen bei Eintrittsgebühren, in Geschäften und Restaurants ermöglicht.

ZIELE IN DER UMGEBUNG

Brentavillen   (114/B–C 3)

★ Trotz vielbefahrener Uferstraße und Zersiedelung haben sich die Ufer des Brenta noch einiges vom lauschigen Trauerweidenzauber erhalten können, in den die wohlhabenden venezianischen Patrizier zwischen dem 16. und dem 18. Jh. ihre herrlichen Villen betteten: Von Venedig aus über den Naviglio, den Brentakanal, bequem zu erreichen, wurde die Villa auf dem Land eine regelrechte Modeerscheinung. Zu Hunderten entstanden sie überall im Veneto, allein am 25 km langen Brentaufer sind es über 70, eine Handvoll kann man besichtigen. Schön, aber teuer ist die organisierte Tagestour (inklusive Villenführung) mit dem Schiff »Burchiello« zwischen Padua und dem Markusplatz in Venedig *(März – Nov., New Siamic Express, Padua, V. Trieste 42, Tel. 049 66 09 44, Fax 049 66 28 30).* Die Strecke (von Stra bis Fusina 26 km) eignet sich auch zum Radfahren (Verleih in *Mira, Center Bike, V. Mocenigo 3, Tel. 041 42 01 10,* oder in *Dolo, Molini di Dolo, V. Garibaldi 3, Tel. 04 15 10 10 12).* Die häufig verkehrenden Linienbusse halten an den wichtigsten Villen.

In *Stra* steht die wohl größte der venetischen Villen, die *Villa Pisani-Nazionale (tgl. 9–18 Uhr),* in einem herrlichen Park. Sie wurde zwischen 1736 und 1756 für den Dogen Alvise Pisani erbaut, die Decke des Tanzsaals malte Giambattista Tiepolo aus. Ebenfalls in Stra kann man die *Villa Foscarini-Rossi* besichtigen *(März–Nov. Di–So 9–12.30 u. 14.30–17.30 Uhr).*

Sind Ihnen über 70 Brentavillen zuviel? Hier finden Sie ein paar Empfehlungen

Baumeister Vincenzo Scamozzi, ein Schüler Andrea Palladios, baute in *Dolo* 1596 die *Villa Ferretti-Angeli*. Die *Villa Contarini dei Leoni* in *Mira* beherbergt Gemeindebüros und die Stadtbibliothek. Ebenfalls zu Mira gehören die *Villa Barchessa Valmarana (März–Nov. Di–So 9–12.30 u. 14.30–17.30 Uhr)* in schöner Parkanlage und mit Fresken von Michelangelo Schiavoni, ihr gegenüber die *Villa Widmann* (18.Jh.) mit Fresken von Angeli und Zanchi *(z. Zt. wegen Restaurierung geschl., Auskunft: APT Mira, Tel. 041 42 49 73)* und der absolute Höhepunkt: die *Villa Foscari (Di, Sa 9–12 Uhr)*, besser unter dem Namen *La Malcontenta* bekannt. Sie wurde 1560 von Palladio für die Dogenfamilie Foscari errichtet, deren Nachfahren sie auch heute wieder gehört. Mit viel Geschmack haben sie die Villa restauriert und bewohnbar gemacht. Da bekommt man Lust, selbst in einer Villa einzukehren,

etwa in *Dolo* in der *Villa Ducale (Di geschl., Riviera Martiri della Libertà 75, Tel. 04 15 60 80 20, Kategorie 1)*. Eine kulinarische Entdeckung ist ein paar Kilometer nördlich in *Scaltenigo* das Restaurant *La Ragnatela (Mi geschl., V. Caltana 79, Tel. 041 43 60 50, Kategorie 2–3)*.

Ebenfalls in der Flußlandschaft des Brenta, aber nördlich von Padua bei *Piazzola sul Brenta* (**114/B 2**), liegt die *Villa Contarini (Mo–Sa 9–12.30 u. 14.30–18, So 9–12.30 u. 14.30–19 Uhr)*. Ihr Zentralkörper von 1546 gilt als Werk Palladios. Das Innere, einst Schauplatz legendärer Feste mit phantastischer Akustik im kuriosen Musiksaal, ist mit Fresken und Stuckdekorationen ausgeschmückt. In der Villa gibt es ein Restaurant und ab und zu Konzerte.

In *Selvazzano Dentro* (**114/A–B 3**) 10 km westlich von Padua steht die zauberhafte *Villa Emo Capodilista* (Ende 16.Jh.) mit grotesk-phantasievoller Innenausmalung

35

und schöner Gartenanlage. Besichtigungen *(März–Nov. Mi, Fr 16 u. 17.30 Uhr, So 9–12.30 u. 14.30–18.30 Uhr)* organisiert das nahe Weingut *Castello di Montecchia (Mo geschl., Tel. 049 63 72 94)* mit Einkehr, Weinverkauf und Bauernmuseum. Unweit auch ein schöner *Golfplatz* (27 Löcher).

Euganeische Hügel (Colli Euganei) (113/A 3–4)

★ ⚜ In der Ebene im Südwesten Paduas erheben sich urplötzlich die Euganeischen Hügel, Berge im Kleinformat, hoch aufgerichtete und eng beieinanderstehende Kegel, die auf vulkanischen Ursprung verweisen. Sie sind idyllisch überzogen mit Wäldern, Rebhängen, Obstwiesen, hübschen Ortschaften, Villen und verschwiegenen Klöstern. Manche Berghänge sind aus Gier nach dem rosa Gestein für Treppen und Terrassen halb abgetragen; seit 1989 stehen die Hügel unter Naturschutz. Das fast kochend heiße Wasser vieler ihrer Quellen hat offenbar nichts mit Vulkanen zu tun. Es kommt mineraliengeladen aus den Eingeweiden der Erde und durchtränkt den Heilschlamm, der alljährlich über 400 000 Menschen in das größte Thermalgebiet Europas auf der Suche nach Linderung von Rheuma und Gelenkschmerzen zieht. Die Kurorte liegen am Fuße der Hügel: Abano Terme, Montegrotto Terme, Battaglia Terme und Galzignano Terme mit ihren gepflegten Kurhotels und Parkanlagen.

Die Hügel übten immer schon einen starken Reiz aus: Der große Dichter des Humanismus, Francesco Petrarca (1304–1374), zog sich im Alter hierher zurück,

im beschaulichen Ort Arquà Petrarca steht noch sein Haus *(Casa del Petrarca, Feb.–Okt. Di–So 9–12 u. 15–18.30, Nov.–Jan. 9–12 u. 14.30–17 Uhr)*. In Valsanzibio ließ die venezianische Prokuratorenfamilie Barbarigo im 16./17. Jh. einen außerordentlich schönen, typisch italienischen Villengarten anlegen, der wundersamerweise bis heute erhalten ist: Villa Barbarigo Pizzoni Ardemani *(März–Nov. tgl. 9–12 u. 14 Uhr–Sonnenuntergang)*. Auf dem Weg nach Teolo breitet sich die gewaltige Benediktinerklosteranlage Praglia (12./16. Jh.) im Schatten der Hügel aus *(Führungen im Winter Di–So 14.30–16.30, im Sommer 15.30–17.30 Uhr)*. Im schön gelegenen *Teolo* laden ein kleines Hotel in restaurierter Villa *(Villa Lussana, 10 Zi., V. Chiesa 1, Tel./Fax 04 99 92 55 30, Kategorie 3)* sowie die *Trattoria Al Sasso (Do-Mittag u. Mi geschl., V. Ronco 11, Tel. 04 99 92 50 73, Kategorie 2–3)* ein. Teolo ist außerdem jeden ersten Samstag im Monat Schauplatz eines *Antiquitäten- und Trödelmarktes* sowie in der ersten Augustwoche eines *Folkfestivals*. Karten mit Fahrradrouten und markierten Wanderwegen sowie Adressen für Ferien auf dem Bauernhof finden Sie bei der *APT Abano Terme (V. Pietro D'Abano 18, Tel. 04 98 66 90 55, Fax 04 98 66 90 53)*.

Östlich der Hügel, auf der Höhe von Battaglia Terme, aber jenseits von SS 16 und Autobahn, liegt Due Carrare **(114/B 3)**. In dessen Ortsteil *S. Giorgio* birgt die Burganlage *Castello di S. Pelagio*, halb Festung (14. Jh.), halb Villa (17./18. Jh.), ein erstaunliches ♣ *Luftfahrtmuseum* mit Exponaten von Leonardos Flugmaschinen bis hin zum Spaceshuttle (*Museo dell'Area e dello Spazio, Feb.–Nov. Di–So 9–12.30 u. 14.30–19, Dez./Jan. 9–12.30 u. 14.30–17 Uhr*).

Monselice, Este und Montagnana (114/A 4)

Im Süden der Euganeischen Hügel liegen drei dieser für das italienische Mittelalter typischen, mit hohen Mauern umgebenen Städtchen, der sogenannten *città murate.* Hinter diesen Mauern verschanzten sich einst die einander bekriegenden Lokalherren, die Estenser, die Scaliger, die Carrareser oder der berüchtigte Romano d'Ezzelino. In *Monselice* (17 000 Ew.) sind nur noch Reste der Stadtmauern übrig, dafür lohnt die Burg *Ca'Marcello* (12./15. Jh.) mit sehenswerter Innenausstattung, etwa den turmartigen Kaminen, einen Besuch (*April–Okt. Di–So 9–12 u. 15–17 Uhr, stdl. Führungen*). Rechts von der Burg führt der ❁ Weg an der mit grotesken Steinzwergen geschmückten Mauer der *Villa Nani-Mocenigo* entlang und vorbei an sieben Wallfahrtskapellen den Hügel hinauf zur *Villa Duodo* (Architekt Vincenzo Scamozzi, heute Außenstelle der Universität Padua) mit phantastischem Panorama.

Das Territorium von *Este,* einem netten Städtchen (17 000 Ew.) und Stammort der gleichnamigen Fürstenfamilie, war in frühgeschichtlicher Zeit das Zentrum der Veneter, Indogermanen aus Kleinasien und Urväter der heutigen. Davon zeugen die Funde im hochinteressanten *Museo Nazionale Atestino* (*tgl. 9–19 Uhr*) in der Villa links vom Eingang in den Park, der sich in der eindrucksvollen Burganlage von Este ausbreitet. Vor allem aber die gewaltige, intakte Festungsmauer von *Montagnana* (9000 Ew.) ist es, die klar vor Augen führt, was mit einer ummauerten Stadt gemeint ist: Hinter dem Mauerwall verschanzen sich das *Kastell S. Zeno* (mit Museum: Gemälde und frühgeschichtliche Funde), lebhafte Gassen und eine weite Piazza mit *Dom* (15. Jh., Altarbild von Paolo Veronese), auf der sich jedes dritte Wochenende im Monat die Antiquitätenhändler ausbreiten. Eine romantische Unterkunft für junge Leute ist das ⚥ *Ostello della Gioventù* (*April–Mitte Okt., 48 Betten, Tel. 042 98 10 76, Kategorie 3*) im Festungsteil Rocca degli Alberi.

Podelta (114/C 5, 115/D 4–6)

★Polesine kommt vom griechisch-byzantinischen *polukenos,* was etwa »viele leere Stellen« heißt. So nennt sich die von den großen Flüssen Etsch und Po unendlich flach gewaschene Ebene um Rovigo bis zur weiten Deltalandschaft an der Adria

Die flache, weite Landschaft des Podeltas erleben Sie am intensivsten auf einer Tour mit dem Leihfahrrad

zwischen Chioggia und Ravenna. Einst ein Netz aus zahllosen Wasserläufen, Sümpfen, Wäldern und Wildnis, fruchtbar, voller Fische und Wildtiere, wurde es im Laufe der Jahrhunderte durch Verlandung, Trockenlegung, Deich- und Kanalbauten urbar gemacht. Zu den Feldern, Obstplantagen und Pappelhainen gesellen sich heute auch Industrieanlagen. Im Hochsommer kann es im Delta sehr schwül werden, und auch die Mücken plagen.

Von früher Besiedlung zeugen die Gründung des Hafens Adria (daher der Name des Meeres) durch Kolonialgriechen im 6. Jh. v. Chr. und die Funde kostbaren Kunsthandwerks von Venetern, Griechen, Etruskern, Römern (in Adria zu besichtigen im sehenswerten *Museo Archeologico Nazionale, tgl. 9–19 Uhr, V. Badini 59*). Dem Städtchen *Adria* (21 000 Ew.) sieht man nichts mehr von seiner Vergangenheit an – über 20 km liegt es mittlerweile im Landesinnern, heftige Überschwemmungen haben es immer wieder zerstört.

In mehrere Wasserläufe und *bocche*, Mündungsarme, verästelt, drängt es den Po ins Meer. Heute leben die Leute von intensiver Muschelzucht in den sogenannten *sacche*, Einbuchtungen mit dichtem Schilfbewuchs. In der einsamen Landschaft sieht man hier und da *casoni* stehen, große Höfe, die meisten sind verlassen. Hier lebte die Landbevölkerung, die sich einst mit Schilfrohrverarbeitung, Fischerei und Jagd ihr Brot verdiente. Lebhafter geht es da zu, wo Anglerhütten mit ihren Senknetzen auf Pfählen über den Ufern stehen.

Auf den Sträßchen längs der Kanäle und Deiche macht Radfahren am meisten Spaß, zu mieten sind Fahrräder z. B. im Zentrum des Deltas, in *Porto Tolle*, bei *Girodelta (V. Bologna 1/2, Tel. 042 68 25 01)*. Auch Kanus bekommt man hier. Der Wasserarm *Po di Maistra* führt durch das faszinierende Innenleben des Deltas. Bootsfahrten organisiert *Marino Cacciatori (Porto Tolle, Tel. 042 68 15 08)*. Bei *Gorino Veneto* zwischen Goro und Mündung steht noch eine der letzten Pontonbrücken.

Einige Bauernhöfe bieten Unterkunft, Fahrräder und gute Küche, etwa bei *Rosolina* die *Azienda Agricola S. Gaetano (Restaurant Mi geschl., 4 Zi. und Camping, V. Moceniga 20, Tel. 04 26 66 46 34, Kategorie 3)*. Strände zum Meer hinaus gibt es an der *Isola di Boccasette* (die exklusive Ferienanlage auf dem Inselchen *Isola Albarella* mit Yachthafen und Golfplatz ist nur für Gäste zugänglich) und in *Rosolina Mare* mit Hotels und Campingplätzen.

Rovigo (114/B 5)

Die Provinzhauptstadt (52 000 Ew.) hat Kunstfreunden zwei Schätze zu bieten: Die reichen Gemäldesammlungen venetischer und venezianischer Meister aus dem 15.–18. Jh., die zeitgenössische Mäzene zusammentrugen, sind im *Palazzo dell'Accademia dei Concordi (Mo–Fr 9.30–12 u. 15.30–19, Sa 9.30–12 Uhr, P. Vittorio Emanuele)* ausgestellt. Die *Rotonda* (1594–1602), die achteckige, dem Pantheon nachempfundene Rundkirche *S. Maria del Soccorso (tgl. 8.30–11.30 u. 16.30–19, im Winter 15–18 Uhr, P. XX Set-*

tembre), birgt im Innern einen phantastischen Bilderzyklus verschiedener Künstler zum Thema der »Verherrlichung der venezianischen Statthalter«, eine unverblümte, prunkvolle Hymne auf die Oberhoheit Venedigs über Rovigo.

VENEDIG (VENEZIA)

(115/D 3) ★ Eine nie nachlassende Faszination geht von dieser Stadt da draußen auf dem Wasser aus. Viele Millionen von Menschen zieht es alljährlich hierher, so daß die Stadtväter jetzt ernsthaft überlegen, einen Numerus clausus einzuführen. Ausführlich berichtet der MARCO POLO Band »Venedig« über die Traumstadt auf dem Wasser, hier nur das Allerwichtigste.

BESICHTIGUNGEN

Campanile S. Marco

Vom 98 m hohen Campanile (mit Fahrstuhl) schaut man auf die Domkuppeln, den Dogenpalast, aufs Häusermeer,

hinüber nach Giudecca mit der Redentore-Kirche (Palladio), auf die Lagune, den Lido, die Inseln. *Tgl. 9–19.30, im Winter 9.30–16 Uhr, P. S. Marco*

Canal Grande

Zur Einstimmung: mit dem *vaporetto* auf dem Canal Grande, der sich als spiegelverkehrtes S vom Bahnhof ab durch die Stadt schlängelt, unter der *Rialtobrücke* (hier tgl. Markt) hindurch bis an die P. S. Marco, vorbei an den Fassaden der Paläste der einstigen Patrizierfamilien. *Piazzale Roma oder Stazione S. Lucia, Linie 1 und 82*

Piazza S. Marco

Den rechteckigen, loggiengesäumten Platz, der eher wie ein festlicher Salon wirkt, flankieren die einstigen Verwaltungsgebäude der Serenissima, der »durchlauchtigsten« Republik: die nördlichen *Procuratie Vecchie* (12./16. Jh.) und die südlichen *Procuratie Nuove* (16./17. Jh.). In den Procuratie Nuove findet sich heute das *Museo Correr* mit einer

Den besten Blick auf den Dogenpalast haben Sie vom Campanile aus

sehenswerten Gemäldesammlung: Bellini, Cranach, Lotto u. a. *(tgl. 9–19, im Winter bis 17 Uhr)*. Unter den Arkaden laden zwei berühmte Cafés zum teuren, aber unvergeßlichen Cappuccino ein: *Florian* und *Quadri*. Die Ostflanke der Piazza beherrscht die *Basilica S. Marco (Mo–Sa 10–16.30, So 14–17 Uhr)* aus dem 9./16. Jh., die die Gebeine des Evangelisten Markus hütet, des Stadtpatrons. Die Dachkuppeln und der golden leuchtende Mosaikschmuck außen und innen verweisen auf Venedigs einst enge Beziehung zu Byzanz. Im Innern laden Ausstellungsräume mit der Pala d'Oro, der Altartafel aus Gold und Edelsteinen (10./14. Jh.), dem Domschatz und dem Original des antiken Vierergespanns über dem Domportal ein.

S. Maria Gloriosa dei Frari

Die stattliche gotische Backsteinkirche mit Grabmälern berühmter Venezianer hütet den vielleicht wertvollsten Bilderschmuck (Bellini, Tizian) unter den vielen Gotteshäusern Venedigs. *Mo–Sa 10–17.30, So 15–17.30 Uhr, Campo dei Frari*

Scuola di S. Rocco

Das einstige Versammlungshaus der reichen, wohltätig engagierten Laienbruderschaft S. Rocco hat Tintoretto prachtvoll ausgemalt (16. Jh.). *Tgl. 9–17.30 Uhr, Campo S. Rocco*

MUSEEN

Galleria dell'Accademia

500 Jahre Kunstschaffen in Venedig. *Mo 9–14, Di–Sa 9–22, So 9–20 Uhr, Campo della Carità*

Palazzo Ducale

1000 Jahre lang der Sitz des Dogen und des Stadtrats, Höhepunkt der venezianischen Gotik mit wunderschönem Innenhof und prachtvoller Innenausstattung. Der Rücken des Palazzo geht auf den Markusdom, die Front auf die Lagune. Die berühmte Seufzerbrücke *(Ponte dei Sospiri)* verbindet den Palast mit dem Gefängnis. *Tgl. 9–19 Uhr, Piazzetta S. Marco*

RESTAURANTS

Bentigodi da Andrea

Beliebte Osteria mit schmackhaften Köstlichkeiten und netter Atmosphäre beim Ghetto. *So geschl., Calesele 1423, Tel. 041 71 62 69, Kategorie 2–3*

Corte Sconta

Im Stadtteil Castello wunderbar zubereiteter Fisch, lockeres Ambiente, uriger Wirt. *So u. Mo geschl., Calle del Pestrin 3886, Tel. 04 15 22 70 24, Kategorie 2*

EINKAUFEN

Sehenswerter *Fischmarkt* an der Rialtobrücke (Di–Sa vormittags); edle Mode in den Gassen um die *P. S. Marco.* Shoppingmeile: *Mercerie* zwischen P. S. Marco und Rialtobrücke. Muranoglas, mal schick und modern: *Venini, Piazzetta Leoni 314*

AUSKUNFT

Palazzetto Selva, Molo S. Marco, Tel. 04 15 22 63 56; Bahnhof S. Lucia, Tel. 04 15 29 87 27. Hier erhalten Sie das kostenlose Info-Heft »Un ospite a Venezia« (italienisch/englisch). Vielerorts gibt es Preisnachlaß mit der Jugendkarte »Rolling Venice«. *Vaporetto* fahren Sie preiswerter mit einem Tagesabo (15 000 Lit) oder 3-Tage-Abo (30 000 Lit). Eine Gelegenheit, mal von den ausgetretenen Wegen herunterzukommen, sind die ganzjährig gültigen, günstigen Sammelkarten für nicht so bekannte Museen.

ZIELE IN DER UMGEBUNG

Chioggia   (114/C 4)

Es ist, als würde man durch Venedig mit dem Auto fahren: Das Inselstädtchen (53 000 Ew.) mit malerischer Patina in der südlichsten Ecke der Lagune hat Häuser, Kanäle, Brücken, Gäßchen *(calli)* und Plätzchen genau wie Venedig, wenn auch sehr viel schlichter und reduzierter. Es entstand sogar noch früher als Venedig und hatte im Mittelalter eine mächtige Flotte, doch diente es vornehmlich der Serenissima zur Absicherung der südlichen Lagune. Mit seiner großen Fischereiflotte bedient Chioggia die Märkte Norditaliens. Sein eigener *Fischmarkt (Mo geschl.)* gehört ebenso zu den Attraktionen wie sehenswerte Kirchen (*Barockdom* und *S. Domenico*) und der *Corso del Popolo* zum Bummeln. An dessen Ende liegt das angenehme *Hotel Grande Italia (22 Zi., P. Vigo 1, Tel. 041 40 05 15, Fax 041 40 01 85, Kategorie 3).* Eine lange Brücke führt in den Stadtteil Sottomarina, die meerzugewandte Seite Chioggias mit breitem Sandstrand und zahllosen Ferienhotels und Campingplätzen. Um besonders guten Fisch zu essen, fährt man am besten 8 km aufs Festland nach *S. Anna di Chioggia* ins *Al Bragosso del Bepi el Ciosoto (Mi geschl., Strada Romea SS 309, Tel. 04 14 95 03 95, Kategorie 2–3). Auskunft: Lungomare Adriatico 101, Chioggia-Sottomarina, Tel. 041 40 10 68, Fax 04 15 54 08 55*

Lagune   (114/C 3–4, 115/D–E 2)

Dieses Zwischenreich zwischen offenem Meer und Festland erstreckt sich auf 52 km zwischen den »gezähmten« Flußmündungen von Piave, Sile und Brenta. Bis 14 km breit wird es etwa bei den Landzungen von Jesolo und Cavallino, dem Lido und Pellestrina. Es bildet eine Welt für sich aus Süß- und Salzwasser, aus Gezeitenströmungen und stillen Wassern, aus abgeschiedenen Becken für die Fischzucht und aus Schiffahrtsrinnen für den Hafen von Marghera und die Piers der Fähr- und Kreuzfahrtschiffe von Fusina und Venedig, aus Sandbänken, Nehrungen, Salzwiesen. In dieser amphibischen Welt liegen zahllose Inseln: zum Beispiel das bunt-pittoreske *Burano*, die Insel der Spitzen (*Museo del Merletto, Mi–Mo 10–16 Uhr)*, oder *Murano*, die Insel der Glasbläser (*Museo Vetrario, Do–Di 10–15 Uhr). Torcello,* die zuerst besiedelte Insel, war vor mehr als 1000 Jahren eine bedeutende Bischofsstadt, heute ist ein Dörfchen mit sehenswerter *Basilika* (7.Jh., Mosaiken) übriggeblieben. In der Lagune finden Sie außerdem Klosterinseln, Garteninseln, eine Friedhofsinsel und natürlich den *Lido,* Venedigs Strandinsel und Hotelmeile. *Cooperativa Limosa (Tel. 041 93 20 03, Fax 04 15 38 12 25)* fährt mit dem *vaporetto,* dem Motorboot, auf die Inseln und bietet naturkundliche Ausflüge durch die Lagunenlandschaft an.

Im Reich des Palladio

Auf den Spuren des genialen Architekten,
Oper und Julia in Verona, ein Bad im Gardasee

Für jeden Reisewunsch das richtige Ziel: Musikfreunde steuern die Arena an. Liebespaare wird es gleich unter den Balkon von Julia ziehen: Eine Liebesbotschaft, auf die Wände ihres Hauses geritzt, soll Glück bringen. Wassersportler finden am oberen Gardasee ihr Glück, Ästheten das ihre vor den Prachtvillen Palladios.

VERONA

☛ **Stadtplan in der hinteren Umschlagklappe**

(113/D 3) Abgesehen von Venedig löst keine andere norditalienische Stadt so angenehme Assoziationen aus wie Verona (255 000 Ew.): Man freut sich auf den Cappuccino in einem der Cafés an der P. Bra, die imposante Arena direkt vor Augen, auf den Bummel über die pittoreske P. delle Erbe oder auf die Ansicht des schönen Stadtbilds mit Kastell und satt dahinströmender Etsch von der Brücke ◆ Ponte Scaligero. Und auch

Hafenstädtchen Malcesine, Olivenriviera, Monte Baldo: Zur Provinz Verona gehört ein besonders attraktiver Teil des Gardasees

wenn die Farben Rosa (Veroneser Marmor) und Rotbraun (Backsteinziegel) die Stadt mit einem einheitlichen, zarten Schimmer überziehen, ist sie doch voller Vielfalt.

BESICHTIGUNGEN

Arche Scaligere

Hinter verschnörkeltem Schmiedeeisen erheben sich die turmartigen Grabmäler aus ziselierter Steinmetzgotik der Fürstenfamilie della Scala. Scala heißt Treppe, und die stellt auch das Wappenzeichen dar. Im geschmiedeten Gitter taucht es als Ornament immer wieder auf. Auf der Spitze sitzen die Statuen der Verstorbenen auf steinernem Roß. Sie herrschten über Verona von 1259 bis 1387. Einem von ihnen, Cangrande I., kann man im Museum Castelvecchio, wo das Original steht, von nahem ins Gesicht schauen: Er grinst – man fragt sich, worüber. Doch gerade dieses Feixen hat ihn unsterblich gemacht. *Piazzetta delle Arche*

Arena

★ 22 000 Menschen paßten in das Amphitheater aus dem 1. Jh.

n. Chr., ein gigantisches Oval aus dem Kalkgestein der Valpolicella-Brüche, 74 m lang und 45 m breit. Die Arena lag am Stadtrand des römischen Verona, das sich in der Etschschleife konzentrierte. Grausame Spiele, blutige Kämpfe und Hetzjagden fanden dort statt. Im Mittelalter diente die Arena als Steinbruch. 1913 kamen die Veroneser dank der guten Akustik auf die geniale Idee, aus ihr das größte und spektakulärste Operntheater der Welt zu machen, mit Platz für 18 000 Zuschauer, 600 000 pro Opernsaison im Juli/August. *Di–So 9–19, Juli, Aug. 8–15.30 Uhr, P. Bra*

Casa e Tomba di Giulietta

In diesem mittelalterlichen Haus (13. Jh.) in der *V. Cappello 21–23* soll Julia gewohnt und von dem kleinen, steinernen Balkon (Rekonstruktion) mit Romeo geflüstert haben. In Bronze gegossen steht sie da, mit inzwischen blank gewetzter Brust vom vielen Anfassen. Sie hat auch ein Grab – ganz egal, ob es sie je gegeben hat – im Süden der Stadt *(V. del Pontiere 8)*, sorgsam behütet in einer Krypta des Klosters *S. Francesco al Corso* mit sehenswertem Museum. Es zeigt Fresken aus Palazzi und Kirchen vom 7. Jh. bis zur Renaissance. *Casa, Tomba, Museo Di–So 9–19 Uhr*

Dom

Unter dem eleganten Baldachinvorbau, einem Werk des gerühmten Steinmetzmeisters Nicolò von 1138, gelangt man in den Dom. Romanisch ist die schöne Apsis, gotisch das dreischiffige Innere. Kirchturm und Presbyterium entwarf der von Venedig geschickte Renaissancebaumeister Michele Sanmicheli. Den Höhepunkt des Gemäldeschmucks bildet »Mariae Himmelfahrt« (1530) von Tizian in der ersten linken Seitenkapelle. Links des Doms geht es in den *Kreuzgang* von 1140 mit Mosaikresten des frühchristlichen Vor-

Seit zwei Jahrtausenden steht Veronas Arena im Dienst des Entertainments

MARCO POLO TIPS FÜR VERONA, VICENZA UND DAS HINTERLAND

1 Arena in Verona
Entertainment seit zwei Jahrtausenden (Seite 43)

2 Eingangsportal von S. Zeno in Verona
Ein Bilderreigen aus Bronze (Seite 46)

3 Museum Castelvecchio in Verona
Die Malkunst aus dem Veneto – europäische Spitzenproduktion (Seite 47)

4 Universum Gardasee
Schöne Natur, lebendiges Treiben (Seite 49)

5 Stararchitekt Andrea Palladio
Palazzi, Villen und ein Theater aus dem 16. Jh. in Vicenza (Seite 51 u. 53)

6 Ausflugsziel Bassano del Grappa
Eine Brücke, Kunst, Keramik – und natürlich Grappa (Seite 54)

gängerbaus, in das romanische Kirchlein *S. Elena* und in die Taufkapelle *S. Giovanni in Fonte* (12. Jh.) mit einem achteckigen, riesigen Taufbecken mit wunderbaren Steinreliefs. *P. del Duomo*

Giardino Giusti

Auf der linken Etschseite liegt dieser zauberhafte Renaissancegarten im typisch italienischen Stil. Er war von Anbeginn derart berühmt, daß sich die Besitzerfamilie Giusti im 17. Jh. den schönen Beinamen »del Giardino« zulegen durfte. *Tgl. 9–19 Uhr, V. Giusti 2*

Piazza delle Erbe

Schon zu römischer Zeit war dieser Marktplatz das Einkaufszentrum, das Forum. Über die Stände erheben sich die *Markussäule* (1523) aus der Zeit venezianischer Dominanz und der Brunnen *Madonna Verona* (1368). Unterschiedlichste Palastfassaden säumen die rechteckige Piaz-

za, etwa die *Casa dei Mercanti* mit Biforienfenstern (14. Jh.), die *Casa Mazzanti* mit Resten von Fassadenfresken (14.–16. Jh.), der spätbarocke *Palazzo Maffei,* der Uhrturm von 1370, schließlich der Straßenbogen *Arco della Costa* (*costa* = Rippe, wegen einer dort hängenden Walrippe), durch den man auf die P. dei Signori gelangt.

Piazza dei Signori

Den Platz mit einem Dante-Denkmal (19. Jh.) in der Mitte und, unter Markisen, dem eleganten Caférestaurant Dante rahmen die stattlichen Fassaden der historischen Amts- und Regierungsgebäude: Auf der rechten Seite erhebt sich der *Palazzo del Comune* (12./16. Jh.), der einst Sitz der freien mittelalterlichen Stadtrepublik war. Im Innern des Baus finden sich ein schöner romanischer Hof, eine Freitreppe aus rosa Marmor (15. Jh.) und der Aufgang zur 84 m hohen

Torre Lamberti (Di–So 9–19 Uhr), von der aus man eine phantastische Sicht auf die Altstadt hat. Im *Palazzo del Capitanio* (14. Jh.) daneben tagte einst das Gericht. Das Renaissanceportal schuf Michele Sanmicheli. Die Rückseite des Platzes beschließt der *Palazzo della Prefettura,* im 14. Jh. die Residenz von Cangrande della Scala, in der Dante auf seiner Flucht vor den Florentinern zu Gast war; auch hier schuf Sanmicheli das Portal. Schließlich die prachtvolle *Loggia del Consiglio* im Stil venezianischer Renaissance, wo der Sitz des Stadtrats ist.

S. Anastasia

Der Dominikanerorden errichtete sich zwischen 1290 und 1481 diese gotische Backsteinkirche, die größte Veronas. Im linken Seitenschiff lohnt die Kapelle der Familie Giusti mit dem berühmten Fresko von Pisanello »Hl. Georg und Prinzessin« einen Blick; ein Kuriosum sind die buckligen Träger der Weihwasserbecken. *P. S. Anastasia*

SS. Fermo e Rustico

Diese Doppelkirche entstand in unterschiedlichen Epochen: Der untere, von den Benediktinern genutzte Teil aus dem 11./12. Jh. ist romanisch. Aus dem 13./14. Jh. stammt dagegen die von den Franziskanern genutzte, gotische Oberkirche. Zu den Kostbarkeiten gehören Freskenausmalungen, die Holzdecke in Form eines Schiffsrumpfs in der Oberkirche, die gotische Kanzel sowie das *Grabmal Brenzoni* (1439) des Florentiner Bildhauers Nanni di Bartolo. Es ist von Pisanellos Fresken der »Verkündigung« eingerahmt. *Stradone S. Fermo*

S. Giorgio in Braida

Die Renaissancekirche erbaute Michele Sanmicheli. Mit ihrer Kuppel beherrscht sie die Etschschleife von Veronetta aus, dem Stadtteil auf der linken Flußseite. Im Innern findet sich reicher Bilderschmuck, darunter das »Martyrium des hl. Georg« von Paolo Veronese. *P. S. Giorgio*

S. Lorenzo

Eine besonders stimmungsvolle romanische Kirche: Die Mauern sind aus Tuff und Ziegeln geschichtet, zwei sogenannte normannische Türme flankieren die Fassade, der Baldachineingang liegt seitlich. Die *matronei* im Innern sind Bereiche, die einst nur Frauen zugänglich waren. Die Straße *Corso Cavour,* von der aus man in die Kirche gelangt, säumen prachtvolle Palazzi von Sanmicheli (Nr. 19 und Nr. 44). *Corso Cavour*

S. Zeno Maggiore

Diese große romanische Basilika etwas abseits vom Zentrum entstand im 12. Jh. zu Ehren des Stadtheiligen S. Zeno (im 4. Jh. Bischof von Verona). Sie gilt als eine der schönsten Kirchen Norditaliens. Über dem Eingang erhebt sich wie beim Dom ein Baldachinvorbau von Nicolò. Hier möchte man stundenlang verweilen und die ★ Bronzebilder (12. Jh.) auf dem Eingangsportal, 48 an der Zahl, betrachten, die auf unglaublich anschauliche Weise Geschichten aus dem Alten und Neuen Testament und aus dem Leben Zenos erzählen. Man hat drei verschiedene Handschriften identifiziert, eine davon könnte die des Meisters der Bronzebilder am Dom-

Auf dem Hügel über dem linken Etschufer erhebt sich das Kastell S. Pietro

portal von Hildesheim sein. Schlicht und großartig zugleich wirkt das Innere der Kirche: Über dem Hauptaltar befindet sich das berühmte Triptychon »Madonna mit Heiligen« (1459) von Andrea Mantegna. In den Kreuzgang (12./14. Jh.) kommen Sie vom linken Seitenschiff aus. Rechts von S. Zeno steht das uralte Kirchlein *S. Procolo* (5. Jh.), das wie fast alle Kirchen Veronas nach einem schweren Erdbeben um 1117 wieder aufgebaut wurde. *P. S. Zeno*

Teatro Romano

Auf der linken Seite der Etschschleife liegt das römische Theater (Anfang 1. Jh. n. Chr.) wunderschön eingebettet auf der Anhöhe unterhalb des *Kastells S. Pietro*. Seine Überbleibsel, das Halbrund der Sitzstufen und Reste der Bühne, dienen als Rahmen für sommerliche Theateraufführungen und Jazzkonzerte. Die Brücke über die Etsch, der ==Ponte Pietra,== verband schon in römischer Zeit die beiden Teile Veronas. Im ehemaligen Konvent S. Girolamo oberhalb des Teatro Romano ist im *Museo Archeologico al Teatro Romano (Di–So 9–19 Uhr)* eine reiche Sammlung an Fundstücken aus der römischen Zeit Veronas zu sehen.

MUSEEN

Museo di Castelvecchio

★ Türme, hohe, zinnengekrönte Mauern, Ziehbrücken über dem Wassergraben, im Innern aber auch freundliche Fassaden zum Wohnen: Die mächtige Burganlage bauten die Scaliger um 1350. In diesen alten Gemäuern ist moderner, eleganter Pragmatismus eingezogen. Dem Architekten Carlo Scarpa ist die Gestaltung des Museumsteils in der Burg vorbildhaft gelungen. Neben Veroneser Bildhauerkunst des Mittelalters, darunter die fein gearbeitete gotische Reiterstatue des grinsenden Cangrande I. (auf einer Art frei schwebendem Erker zwischen den beiden Museumsbereichen postiert), bekommt man hier die Malkunst der großen venetischen Meister zwischen dem 14. und 18. Jh. zu sehen: die elegant-liebliche internationale Gotik von Pisanello, Crivelli, da Verona, die klaren Renaissancemeister Bellini und Mantegna, der dramatisch-lichtvolle Barock Tintorettos, die leichtfüßige Luftigkeit Tiepolos und die detailverliebten Kapricen Francesco Guardis. *Di–So 9–19 Uhr, Corso Castelvecchio 2*

Museo Civico di Storia Naturale

Für naturkundlich Interessierte: Im Palazzo Pompei gibt es eine der artenreichsten prähistorischen ==Fossiliensammlungen== (Tiere und Pflanzen) Europas zu sehen. *Mo–Do, Sa 9–19, So 14–19 Uhr, Juli/Aug. nur vormittags, Lungadige Porta Vittoria 9*

RESTAURANTS

La Bottega del Vino

Bester Weinausschank in der Weinstadt Verona, längst auch anspruchsvolles Restaurant. *Di geschl., V. Scudo di Francia 3, Tel. 04 58 00 45 35, Kategorie 2*

Al Calmiere

Nach dem Besuch von S. Zeno lädt dieses sympathische Restaurant mit Terrasse ein, trotz Touristen sorgfältige Küche. *Mi-Abend u. Do geschl., P. S. Zeno 10, Tel. 04 58 03 07 65, Kategorie 2*

Il Desco

Der Feinschmeckertempel Veronas. *So geschl., V. Dietro S. Sebastiano 7, Tel. 045 59 53 58, Kategorie 1*

==Mondo d'Oro==

Weinstube mit ausgewählt guten Wurst- und Käsehappen in einer Parallelgasse zur V. Mazzini. *So geschl., V. Mondo d'Oro 4, Tel. 04 58 03 26 79, Kategorie 3*

Alla Stueta

Nette Trattoria beim römischen Theater, schmackhafte, typisch Veroneser Küche zu günstigen Preisen. *Di-Mittag u. Mo geschl., V. del Redentore 4 b, Tel. 04 58 03 24 62, Kategorie 3*

EINKAUFEN

Die verkehrsberuhigte Innenstadt Veronas ist fast ein einziges Schaufenster: Mode, Schuhe, Schmuck dominieren in der *V. Mazzini* und *V. Cappello*, Antiquitäten im *Corso Anastasia* und im *Corso Porta Borsari* oder in den Gewölbeläden der *V. di Sottoriva* am Etschufer. Tolle neue Möbel bei *Il Ghibellin Fuggiasco (V. XX Settembre 27)*; die schönsten Schlemmerläden liegen an der *P. delle Erbe (Nr. 36: Gastronomia De Nunzio)*, außerdem *Sinico (V. Leoni 5, Nähe S. Fermo)*. Ein Tip für Leute, die gern kochen (und schauen): in der ==*Antica Drogheria Ferrario*== *(Corso S. Anastasia 15)* eine unendliche Vielfalt an Gewürzen, Essenzen, Zutaten, Naturfarben …

ÜBERNACHTUNG

Borghetti

Etwas außerhalb Veronas (6 km Richtung Pedemonte), schon im Valpolicellagebiet, liegt dieses gepflegte Hotel mit exzellentem Preis-Leistungs-Verhältnis und renommiertem Restaurant. *42 Zi., Parona, V. Valpolicella 47, Tel. 045 94 10 45, Fax 045 94 23 67, Kategorie 2–3*

Al Castello

Ordentliche, kleine Herberge gleich beim Scaligerkastell mit Restaurant. *9 Zi., Corso Cavour 43,*

Tel./Fax 04 58 00 44 03, Kategorie 3

Gabbia d'Oro

Sicherlich das charmanteste Hotel Veronas, klein, aber fein, geschmackvoll mit (echten) Antiquitäten eingerichtet. *27 Zi., Corso Porta Borsari 4 a, Tel. 04 58 00 30 60, Fax 045 59 02 93, Kategorie 1*

Mazzanti

Sehr schlicht, aber einmalig gelegen zwischen P. Erbe und P. dei Signori. *23 Zi., V. Mazzanti 6, Tel. 04 58 00 68 13, Fax 04 58 01 12 62, Kategorie 2–3*

Ostello Villa Francescatti

Jugendherberge in einer Villa des 16. Jhs. am Hügel S. Pietro, ganzjährig geöffnet. *100 Betten, Salita Fontana del Ferro 15, Tel. 045 59 03 60, Fax 04 58 00 91 27, Kategorie 3*

AUSKUNFT

P. Erbe 38, Tel. 04 58 00 00 65 und 04 58 00 69 97, Fax 04 58 01 06 82; V. Leoncino 61, Tel. 04 58 06 86 80; Bahnhof Porta Nuova, P. XXV Aprile, Tel. 04 56 00 06 61, www. Veronaapt.netbyNetveneta. Auskunft zum Opernfestival: Ente Arena, P. Bra 28, 37121 Verona, Tel. 04 58 05 18 11, Fax 04 58 01 15 66, www.arena.it; Kartenbestellung: V. Dietro Anfiteatro 6 b, 37121 Verona, Tel. 04 58 00 51 51, Fax 04 58 01 32 87

ZIELE IN DER UMGEBUNG

**Gardasee
(Lago di Garda) (112/C 1–3)**
★ Verona und der Gardasee gehören symbiotisch zusammen,

so daß die 23 km auf der SS 11 nach Peschiera am Wochenende im Stau Stunden dauern können. Dieser mit seinen 370 qkm größte italienische See, der im Norden zwischen den Trentiner Voralpen beginnt, breitet sich zum Süden hin in immer flacher werdender Landschaft aus: Von den Bergen vor der Nordkälte geschützt und zugleich offen für die Wärme des Südens, verfügt er über ein einmalig mildes Klima, so daß an seinen Ufern Zitronen und Oliven gedeihen und schon die Römer hier ihre Ferienvillen bauten. Heute tun das am liebsten die Deutschen, von München ist man in knapp vier Stunden am See. Das Ostufer von Peschiera bis hinauf nach Malcesine sowie der mächtige Monte Baldo (2218 m), der »Hausberg« des Sees, gehören zur Provinz Verona und somit zum Veneto, das westliche Ufer zur Lombardei, das nördliche zum Trentino. Ausführlich berichtet der MARCO POLO Band »Gardasee«, hier nur ein kurzer Überblick über die (venetische) Ostseite des Sees.

Peschiera del Garda, ein lebhaftes Touristenstädtchen mit attraktivem Yachthafen, liegt an der Stelle, wo der Mincio den See gen Süden verläßt. Viele Orte am See besitzen zum Teil noch <mark>gut erhaltene Festungsanlagen</mark> aus dem Mittelalter, der venezianischen Renaissance und dem 18./19. Jh. der Franzosen und Habsburger. Der See im Fadenkreuz der West-Ost- und Nord-Süd-Trassen und als Grenze zwischen streitenden Lokalfürsten und Großmächten galt schließlich immer schon als strategisch wichtiger Punkt. Für Peschiera baute der venezianische Renaissancearchitekt Michele Sanmicheli die Festung. Zwischen Peschiera und Lazise liegen zwei große Attraktionen des Sees: Richtung Pastrengo (ca. 12 km nordöstlich) erstrecken sich auf 24 ha der ⚑ *Parco Natura Viva,* eine hügelige Safarilandschaft mit wilden Tieren, die man im geschlossenen Auto durchfährt, sowie ein Zoo zum Bummeln, dazu naturgroß nachgebaute Dinosaurier *(Mitte März–Ende Okt. tgl. 9 Uhr (9.30 Safaribereich)–Sonnenuntergang).* Näher am Seeufer liegt ⚑ *Gardaland,* der älteste (1975 eröffnet), größte und beliebteste Vergnügungspark im Disney-Stil Italiens *(Mitte März–Anfang Nov. tgl. 9–18 Uhr, im Hochsommer 9–24 Uhr).*

Lazise (mit Scaligerburg, romanischem Kirchlein S. Nicolò, venezianischer Zollstation und der ⚑ Wasserspaßanlage *Caneva*) ist besonders beschaulich. *Bardolino* ist ein Zentrum des Weinanbaus. Das schön gelegene Städtchen *Garda* mit Spuren venezianischer Renaissance wurde unter Karl dem Großen Hauptsitz einer Grafschaft, die dem See seinen Namen gab. Ein traumhaftes Fleckchen ist die Landzunge ==Punta S. Vigilio== mit einer Villenanlage, darin ein kleines Luxushotel *(Locanda S. Vigilio, 7 Zi., Tel. 04 57 25 66 90, Fax 04 57 25 65 51, Kategorie 1)* mit romantischem Restaurant. *Torri del Benaco* mit malerischem, kleinem Hafen und Scaligerburg, ein Zentrum des Olivenanbaus, liegt schon an den Ausläufern des Monte Baldo. Ein ◁▷ gewundenes Sträßchen führt hinauf nach *S. Zeno di Montagna* mit herrlicher Aussicht.

Der letzte größere Ort am venetischen Seeufer ist *Malcesine* mit mittelalterlich verwinkelter Altstadt und der spektakulär auf einem Felssporn über dem See gelegenen ◁▷ Scaligerfestung. Eine Seilbahn führt auf den ◁▷ *Monte Baldo,* ein Naturparadies mit phantastischem Panorama, gut erschlossenen Wanderwegen und ungewöhnlich artenreicher Vegetation im *Orto Botanico* in *Novezzina di Ferrara* auf der Südflanke des Berges.

Badezugänge (Kieselstrände) und -stege gibt es an vielen Stellen längs des Seeufers, die Wasserqualität ist hier auf der venetischen Seite recht gut (je weiter man nach Norden gelangt, desto besser wird sie). Der wohl schönste Strand, die ==Baia delle Sirene== (Zutritt über Privatbesitz, kostenpflichtig), liegt oberhalb der Punta S. Vigilio. Ein langer Strand erstreckt sich zwischen Bardolino und Garda, und vor Malcesine lädt die Bucht *Val di Sogno* ein.

Malcesine als nördlichster Ort und damit nahe den berühmten Winden des Gardasees empfiehlt sich für Segel- und Surffreunde. Zahlreiche Surfschulen, Verleihstationen sowie eine Tauchschule halten Informationen und Material bereit. Auskunft: *APT Malcesine, V. Capitanato 6–8, Tel. 04 57 40 00 44, Fax 04 57 40 16 33, www.teletour.de/italien/gardasee/oli venriviera /garda-e.*

Monti Lessini (113/D 2)
Diese voralpine Berglandschaft im Norden Veronas bietet viele Entdeckungen. Ein Ausflugsvorschlag in die Lessinischen Berge findet sich im Kapitel »Routen in Venetien und Friaul«.

Valeggio sul Mincio (112/C 4)

Auf einer Anhöhe über der idyllischen Flußlandschaft des Mincio gelegen, nur 10 km südlich von Peschiera am Gardasee, besitzt auch Valeggio ein Scaligerkastell. 1393 bauten die Fürsten Visconti weiter, diesmal eine gewaltige ⚜ Staubrücke über den Mincio, die bis zum Kastell hinaufführen sollte, aber nie fertig wurde. Valeggio lebt von den und für die Schlemmer, berühmt sind die fleischgefüllten Tortellini, die Dutzende von Restaurants und Nudelläden anbieten. Besonders romantisch sitzt man in Borghetto, einem kleinen Ortsteil direkt am Fluß unterhalb der Brückenanlage, unter den Bäumen der *Antica Locanda Mincio (Mi-Abend u. Do geschl., Tel. 04 57 95 00 59, Kategorie 2).* Ein einladendes, kleines Hotel ist *Faccioli (9 Zi., Borghetto, Tel. 04 56 37 06 05, Fax 04 56 37 05 71, Kategorie 3).* Bei Valeggio liegt der *Parco Giardino Sigurtà,* auf 50 ha eines der artenreichsten Naturparadiese Europas, aber nur mit eigenem Auto oder Fahrrad zu besuchen *(kostenpflichtiger Einlaß Mitte März–Anfang Nov. tgl. 9–18 Uhr, picknicken verboten).* 10 km östlich von Valeggio stößt man auf den gigantischen Festungswall von *Villafranca.*

VICENZA

☞ Stadtplan in der hinteren Umschlagklappe

(113/F 3) Eine klassische Provinzstadt (107 000 Ew.): Ihre Zufahrtsstraßen sind von modernen, Wohlstand produzierenden Betrieben gesäumt, ihr Zentrum ist der gepflegte Hort ihrer Geschichte. Ihre Umgebung mit Hügellandschaften, Weinstraßen und Villen bietet eine Fülle einladender Ausflugsziele. Vicenza hat eine lange Geschichte: gegründet von den Venetern, dann römische Stadt (der heutige Corso Palladio zeichnet exakt die römische Hauptachse Decumanus Maximus nach), im Mittelalter freie, Handel treibende Stadtrepublik, um dann von einer größeren Stadt an die andere zu geraten, 1266 an Padua, 1311 an Verona und ab 1404 an Venedig. Ihre Einzigartigkeit bildet sich im 16. Jh. heraus, als die mit schönen Palazzi schon reich gesegnete Stadt und ihre großen Familien nur noch den einen Architekten wollen: Andrea Palladio aus Padua. Die Unesco hat die Palladiobauten zum Weltkulturerbe erklärt. Eine Villenkarte, erhältlich bei den Touristeninformationen, hilft bei der Orientierung unter den Dutzenden von edlen Villen in der Umgebung Vicenzas.

Basilica di Monte Berico

Am Südrand der Stadt eine schön gelegene barocke Marienwallfahrtskirche, die im ehemaligen Refektorium das berühmte riesige Gemälde »Das Gastmahl Gregors des Großen« (1572) von Paolo Veronese hütet.

Basilica Palladiana/P. dei Signori

★ Palladio ummantelte den spätgotischen *Palazzo della Ragione,* in dem der Stadtrat tagte, mit der für ihn typischen, zweigeschossigen Säulenordnung in harmonischer Marmoreleganz (1549–1617). Er war es, der den Palast nun Basilika nannte, nach antikem Vorbild der Versamm-

Die Piazza dei Signori, das Herz Vicenzas, ist von der Architektur Palladios geprägt. Glanzstück ist die zweigeschossige »Basilika«

lungs- und Gerichtsort. Der weiträumige gotische Saal im Innern wird heute für Ausstellungen genutzt, u. a. alljährlich von März bis Juni für eine bedeutende Architekturausstellung. Die Basilika beherrscht die *P. dei Signori,* das Herz der Stadt, mit ihren zahlreichen Schmuck- und Silberläden. Ihr zur Linken erheben sich die *Loggia del Capitaniato,* einst Sitz des venezianischen Statthalters, ebenfalls von Palladio (1571, unvollendet), und der *Palazzo Monte di Pietà* (16. Jh.) mit der Barockkirche *S. Vincenzo.*

Contrà Porti
Ein Palast nach dem anderen, teils venezianische Gotik, teils Renaissance, säumt diese Straße nördlich der P. dei Signori, darunter in Nr. 11 der *Palazzo Barbaran-Porto* (1571) von Palladio, in dem Ausstellungen über Palladio und seinen Einfluß stattfinden.

Corso Palladio
An die Hauptachse durchs Zentrum reihen sich Paläste und Kirchen, beginnend an der *P. Castello* mit dem *Palazzo Porto* vom Palladio-Schüler Vincenzo Scamozzi; dann Nr. 13 der *Palazzo Thiene* von Palladio und Scamozzi. Letzterer baute auch das heutige Rathaus *Palazzo Trissino-Baston* (Nr. 98); in schönster venezianischer Gotik dagegen der *Palazzo Da Schio* (14./15. Jh., Nr. 147).

Dom S. Maria Maggiore
Ein Mix an Stilen und Epochen, erbaut auf römischen Fundamenten: romanischer Turm, gotischer Zentralkörper, Renaissancechor. Sehenswert ist auch die Renaissanceloggia des bischöflichen Palastes (Nr. 11). *P. del Duomo*

S. Corona
Diese gotische Dominikanerkirche hütet eine kostbare Reliquie, ein Stückchen aus der Dornenkrone Christi. Die Kirche verfügt außerdem über zwei Meisterwerke: im dritten Altar rechts »Die Anbetung der hl. drei Könige« (1573) von Paolo Veronese und das fünfte Altarbild im linken Seitenschiff »Taufe Christi« von Giovanni Bellini. *Contrà S. Corona*

Teatro Olimpico

★ Das letzte Werk Palladios (1580), sein Sohn Silla vollendete es 1583. In seiner Liebe zur Antike griff Palladio das Muster des klassischen Theater- und Bühnenraums auf. Die Bühnenkulisse (von Schüler Scamozzi) mit ihrer prachtvollen Triumphbogenstruktur täuscht die Tiefe eines Stadtbildes vor. Sie hat sich seit der Einweihung mit dem »Ödipus« von Sophokles nicht mehr verändert. Heute finden hier Konzerte und kleine Aufführungen statt. *Tgl. 9–12.30 u. 14.15–17, So bis 19 Uhr, P. Matteotti*

Villa Rotonda

★ Im Süden Vicenzas liegt die Villa Rotonda, Palladios bekanntester Villenbau, ein entwaffnend einfacher, klarer Entwurf: ein viereckiger Würfel, mittig obenauf eine flache Kuppel (daher der Name: *rotonda* = rund), die vier Fassaden mit vier identischen Säulentympana und Treppenaufgängen markiert. *Di–So 10–12 u. 15–18 Uhr (nur außen), März–Anfang Nov. Mi auch innen, V. della Rotonda 45*

Villa Valmarana ai Nani

Ein paar Schritte von der Villa Rotonda liegt die 1677 entstandene, im 18. Jh. durch die Grafen Valmarana ausgebaute und um die *foresteria* (Gästehaus) und die *scuderia* (Pferdestall) erweiterte Villa. In Haupt- und Gästehaus ist sie reich mit Fresken von Giovanni Battista Tiepolo und seinem Sohn Giandomenico ausgestattet, die die Villa weltberühmt gemacht haben. *Mitte März–Anfang Nov. Mi, Do, Sa, So 10–12, Di–So auch 14–17, im Sommer 15–18 Uhr, V. S. Bastiano 2–8*

Pinacoteca Civica

Wieder ein festlich-erhabener Bau von Palladio (1551), der Palazzo Chiericati, der die städtische Kunstsammlung beherbergt: venetische Malerei vom Mittelalter bis zum Manierismus von Tiepolo und Piazzetta sowie einige Holländer (Memling, van Dyck). *Di–Sa 9–12.30 u. 14.15–17 Uhr, So 9.15–12.30, April–Sept. auch 14.30–19 Uhr, P. Matteotti 39*

Antica Trattoria Tre Visi

Gepflegte traditionelle Küche in einem Palazzo aus dem 15. Jh. *So-Abend u. Mo geschl., Contrà Porti 6, Tel. 04 44 32 48 68, Kategorie 1–2*

La Torre Vecchia

Im Zentrum ein charmantes, kleines Restaurant mit einfallsreicher Küche. *Mo-Mittag u. So geschl., Contrà Oratorio dei Servi 19, Tel. 04 44 32 00 01, Kategorie 3*

Cristina

Angenehmer Familienbetrieb nicht weit vom Bahnhof. *33 Zi., Corso S. Felice e Fortunato 32, Tel. 04 44 32 37 51, Fax 04 44 54 36 56, Kategorie 2*

Giardini

Nahe Palladios Teatro Olimpico, komfortabel, freundlich, modern. *17 Zi., V. Giuriolo 10, Tel./Fax 04 44 32 64 58, Kategorie 2*

Villa Michelangelo

Ein stilvolles Villenhotel, 7 km südlich herrlich gelegen in den ersten Hügeln der Colli Berici mit Schwimmbad und Restaurant. *34 Zi., Arcugnano, V. Sacco 19, Tel. 04 44 55 03 00, Fax 04 44 55 04 90, Kategorie 1*

P. Matteotti 12, Tel. 04 44 32 08 54, Fax 04 44 32 50 01; P. Duomo 5, Tel. 04 44 54 41 22; außerdem am Bahnhof

ZIELE IN DER UMGEBUNG

Bassano del Grappa **(114/A 1)**
★ Der Weg hinauf nach Bassano del Grappa führt entweder über das Kirschen- und Schachstädtchen *Marostica* (zwei mittelalterliche Burganlagen und eine lange, zinnengekrönte Mauer den Hügel hinauf rahmen den pittoresken Kern ein) oder über das mittelalterliche, völlig eingemauerte Festungsstädtchen *Cittadella*. Im reizvollen Stadtbild

Das Grappastädtchen Bassano pflegt auch seine Tradition des Kunsthandwerks

von Bassano del Grappa (40 000 Ew.), in den ersten Voralpen über dem Brenta gelegen, ist es die stattliche, aufwendige *Holzbrücke* über den Fluß, die alle Aufmerksamkeit auf sich zieht: ein Entwurf Andrea Palladios von 1569, immer wieder durch Überschwemmungen und Kriege zerstört, stets genauso wieder aufgebaut und weltberühmt. Im westlichen Brückenkopf ein kleines *Museum* der Gebirgsjäger *Alpini*, die in Italien große Sympathien genießen (in einem ihrer Lieder wird diese Brücke zu dem, was die Laterne für Lili Marleen bedeutete), im östlichen Brückenkopf die wunderschöne Kneipe der *Grappadestillerie Nardini* (in der *V. Gamba 6* außerdem ein *Grappamuseum*). Den oberen Stadtteil beherrscht ein Kastell. Das nette Hotel vor dem Kastell lohnt eine Übernachtung *(Al Castello, 11 Zi., P. Terraglio 19, Tel. 04 24 22 86 65, Fax 04 24 52 34 62, Kategorie 3).* Im Zentrum ist das *Museo Civico (Di–Sa 9–18.30, So 15.30–18.30 Uhr, P. Garibaldi)* im ehemaligen Franziskanerkloster sehenswert. Es besitzt archäologische Funde, eine Bibliothek mit kostbaren Handschriften, eine wertvolle Stiche- und Druckesammlung sowie eine Pinakothek mit Werken u. a. des hiesigen Malers Jacopo da Bassano. Die Handwerkstradition der Keramik ist in Bassano sehr lebendig, wie die vielen Läden zeigen; die *Keramiksammlung (Fr 9–12, Sa, So 15–19 Uhr, V. Schiavonetti)* lohnt allein wegen des Palazzo Sturm über dem Brenta, in dem sie untergebracht ist. Im Frühsommer reift hier der weiße Spargel, den man gut zubereitet 4 km nordwestlich in *Valrovina* im

Melograno (Mo geschl., V. Chiesa 35, Tel. 04 24 50 25 93, Kategorie 2–3) bekommt. Ein Autoausflug auf den ♨ *Monte Grappa* (1775 m) mit phantastischem Bergpanorama führt zu einer gewaltigen Gedenkstätte für Gefallene des Ersten Weltkriegs – eine der vielen, denen man im Veneto und im Friaul begegnet.

Breganze (113/F 2)

Ausgeschilderte Weinstraßen führen durch die Hügel der Breganze-DOC-Weine im Norden Vicenzas um Thiene und Breganze. Bei *Lugo di Vicenza* begegnet man der ersten Landvilla des Palladio, der *Villa Godi Malinverni* von 1542 mit Gemälde- und Fossiliensammlung im Innern *(März–Mai u. Sept.–Nov. Di, Sa, So 14–18 Uhr, Juni–Aug. 15–19 Uhr).*

Hochebene von Asiago (Altopiano dei Sette Comuni) (113/F 1)

Im Norden von Vicenza geht es durch die Breganze-Weinhügel auf die sonnige Hochebene (1000 m) aus Wäldern und sanft gewellten Weidewiesen. Einfriedungen aus Marmorplatten sind hier noch zu finden, einem Material, das buchstäblich herumliegt. Hier weiden die Kühe, aus deren Milch der berühmte mildwürzige Asiago-Käse gemacht wird. Eine der besten Käsereien mit einem Laden ist *Caseificio Pennar* im gleichnamigen Ortsteil von Asiago. Das Feriengebiet (im Sommer Wander- und Mountainbikewege, im Winter Skipisten und schöne Loipen) ist auch bekannt als deutsche Sprachinsel. Eine Gedenkstätte mit Beinhaus für 50 000 Soldaten auf einem Hügel außerhalb des etwas gesichtslosen Hauptorts

Asiago erinnert an die österreichisch-italienischen Kämpfe im Ersten Weltkrieg, bei denen Asiago völlig zerstört wurde.

Monti Berici (113/F 3)

Im Süden Vicenzas erhebt sich diese Hügelgruppe vulkanischen Ursprungs. Sie ist ein weiteres Ausflugsziel voller Rebhänge (DOC-Wein Colli Berici), Weingüter, Wälder. Der schöne See *Lago di Fimon* und herrliche Villen, etwa in *Costozza* und *Montegaldella,* runden das Bild dieser Gegend ab. *Arcugnano* wird als das Beverly Hills der reichen Schmuckhändler Vicenzas bezeichnet. Südlich von Montecchio Maggiore wachsen die DOC-Weine Montebello und Gambellara.

Recoaro Terme (113/E 2)

Über *Montecchio Maggiore* (hier die *Villa Cordellina Lombardi* aus dem 18. Jh. mit Fresken des Tiepolo, 2 km weiter ins Tal auch die beiden Burgen, die der Mythos den Familien von Romeo und Julia zuschreibt) geht es ins Tal Valdagno im Nordwesten Vicenzas. Die wunderschöne Villenanlage *Villa Trissino* in Trissino gehört heute der Familie Marzotto, die in Valdagno den Sitz ihres Unternehmens hat. Ihr gehört die größte Textilgruppe Europas. Interessant ist die modellhafte Arbeitersiedlung Città Sociale aus den dreißiger Jahren. Weiter talaufwärts liegt der Luft- und Wasserkurort *Recoaro Terme* (8000 Ew.), eine Art Gartenstadt auf 450 m Höhe in einer weiten, bewaldeten Mulde gelegen, mit einem Wintersportzentrum auf 1000 m. Ein berühmtes Mineralwasser stammt von hier.

Die Eleganz des Veneto

Prosecco und herrschaftliche Villen, malerische Kleinstädte und weiße Kalkstöcke

Der Weg in die erhabene Bergwelt der venetischen Kalkalpen, ins Cadore und zur Perle der Dolomiten, Cortina d'Ampezzo, beginnt in der Ebene mit der reizvollen Kleinstadt Treviso am Sile, führt durch die Rebhänge von Conegliano und Valdobbiadene zu charaktervollen Städten vor bergiger Kulisse wie Belluno, Feltre und Vittorio Veneto.

DOLOMITEN

(109/D–F 1–5) Das Dach des Veneto bilden die Ostflanken der mächtigen, weißgrauen Kalkberge, die es sich mit dem Trentino und Südtirol teilt: eine atemberaubende, bizarre Kulisse, die mit dem Marmoladamassiv, dem einzigen Dolomitgletscher, 3342 m Höhe erreicht. Benannt worden sind die Dolomiten nach dem französischen Geologen Déodat Dolomieu (1750–1801). Er hatte diese Berge aus versteinerten Korallenriffen und kalkhaltigen Algenablagerungen, die

Dem hohen Kalksteingehalt verdanken die Dolomiten ihre oft bizarren, splittrig-zackigen Felsformationen

vor 200 Millionen Jahren vulkanisch-eruptiv aus dem Urmeer emporgestiegen waren, analysiert und ihren Magnesiumgehalt entdeckt. Die venetischen Dolomiten gehören zur Provinz Belluno und nennen sich Cadore: ein Nonstop-Feriengebiet, sommers wie winters. Seit ein paar Jahren ermöglicht der überregionale Skipaß »Dolomiti Superski« die Benutzung von 464 Aufstiegsanlagen und 1180 km Pisten im gesamten italienischen Dolomitgebiet. Während man in Südtirol gerne ins Hotel oder in die Pension geht, wohnt man in den venetischen Bergen überwiegend in gemieteten Ferienwohnungen. Informationen erhalten Sie bei den lokalen Fremdenverkehrsämtern der einzelnen Talschaften, über die *APT* in *Cortina d'Ampezzo (P.S. Francesco 8, Tel. 04 36 32 31, Fax 04 36 32 35),* übers Internet *(www. sunrise.it/dolomiti)* und im MARCO POLO Band »Dolomiten«.

ZIELE IN DEN DOLOMITEN

Belluno und Umgebung **(109/E 4)** Ein idealer Ort zur Gründung einer Stadt: Über dem Piavetal

Auf einer Felsterrasse über dem Piave liegt das Dolomitenstädtchen Belluno

liegt er auf einer exponierten Felsterrasse. Durch das Tal sucht sich im breiten Bett aus Moränenschutt der Fluß, je nach Jahreszeit mal Rinnsal, mal reißend, seinen mäandernden Weg aus der Bergwelt des Cadore in die Ebene gen Meer. Schon Siedlungsplatz der Veneter, erhielt Belluno (35 000 Ew.) sein heutiges Gesicht vor allem in den 400 Jahren unter der venezianischen Herrschaft (1404–1798). Die Arkaden stattlicher Bürgerhäuser des 16. Jhs. an der *P. dei Martiri* und der Renaissancepalast *Palazzo dei Rettori,* Sitz der einstigen venezianischen Statthalter am Domplatz, zeugen davon. Eine sehenswerte *Pinakothek* zeigt venetische Maler, darunter zwei große Belluneser Meister des 17./18. Jhs., Sebastiano Ricci und den Bildhauer Andrea Brustolon *(Museo Civico, Di–Sa 10–12 u. 15–18, So 10–12 Uhr, P. del Duomo).* Die *Touristeninformation (Tel. 04 37 94 00 83)* hat ihren Sitz an der *P. dei Martiri 27.* Ein Lokal, wie es die Belluneser mögen, halb Weinlokal, halb handfeste Trattoria, ist *La Taverna (So geschl., V.*

Cipro 7, Tel. 043 72 51 92, Kategorie 3).

Im Westen erheben sich die *Belluneser Dolomiten,* seit 1993 Nationalpark. Beliebte Feriengebiete um Belluno sind die *Almlandschaft Nevegal* **(109/E–F 4)** im Südosten, der große Stausee *Lago di S. Croce* **(109/F 4,** Campingplätze und Surfgelegenheiten), der *Bosco del Cansiglio* **(109/ F 4–5),** ein wunderschönes Waldgebiet, und die Almlandschaft *Alpago* **(109/F 4)** mit zwei exzellenten Speiseempfehlungen, beide auch mit Zimmern: in *Puos d'Alpago* die *Locanda S. Lorenzo (10 Zi., Restaurant Mi geschl., V. IV November 79, Tel. 04 37 45 40 48, Fax 04 37 45 40 49, Kategorie 2–3),* in *Pieve d' Alpago* das *Dolada (6 Zi., Restaurant Di-Mittag u. Mo geschl., Ortsteil Plois, Tel. 04 37 47 91 41, Fax 04 37 47 80 68, Kategorie 1–2).*

Cadore   **(109/E–F 2–3)**

Verschiedene, touristisch sommers wie winters sehr erschlossene Täler mit zahlreichen Ortschaften legen sich um die mächtigen Kalkmassive: Im Nordwesten Bellunos erstreckt sich das Tal *Cordevole* mit dem Hauptort *Agordo* Richtung Civettamassiv (3218 m) und zum größten Dolomitengletscher, zur *Marmoladagruppe*. Bei Longarone im Piavetal geht es in die Talschaft *Valle di Zoldo* mit den Orten *Forno di Zoldo* (sehr sehenswert die Kirche *Pieve di S. Floriano* aus dem 15. Jh. mit dem »Altar der Seelen« des großen Belluneser Bildhauers Andrea Brustolon) und *Zoldo Alto* beim Massiv *Monte Pelmo* (3168 m): Um den *Antelaostock* (3263 m) und die mächtige *Marmarolegruppe* im Norden legt sich westlich die *Valle d'Ampezzo* mit dem Hauptort *Cortina,* östlich das Hochtal des Piave mit der Ortschaft *Pieve di Cadore*. Der *Palazzo della Magnifica Comunità Cadorina* aus dem 15./16. Jh., Zeugnis einer aus dem Mittelalter herrührenden, weitgehend autonomen Verwaltungsstruktur der Berggebiete, die sich bis ins 20. Jh. halten konnte, hat heute nur noch kulturelle Funktion als Museum. Außerdem beherbergt Pieve das Geburtshaus des großen Malers Tizian und eine sehenswerte Brillensammlung im *Museo di Storia del Occhiale (Juli/Aug. tgl. 8.30–12.30 u. 16.30–19.30, Sept.–Juni Mo–Sa 8.30–12.30 Uhr, V. degli Alpini 39)*. Wo Eis und Schnee herrschen, kommen auch die Eiscremeproduzenten her: 80 Prozent der mitteleuropäischen Eisdielen, so schätzt man, werden von Leuten aus dem Cadore betrieben. Am letzten Oktoberwochenende feiert man in den Dörfern der Valle di Zoldo das Fest deren alljährlicher Heimkehr, die ✪ *Festa di Rientro dei Gelatai.*

Cortina d'Ampezzo (109/E 2)

★ ◁▷ In einer weiten Mulde mitten in den schönsten Dolomitstöcken gelegen und 1956 als Schauplatz der Winterolympiade in aller Welt bekannt geworden, hat sich Cortina d'Ampezzo (1211m, 7000 Ew.) auch dank seines harmonisch gewachsenen Ortsbildes zum Treffpunkt der italienischen Vips aus

---

MARCO POLO TIPS
FÜR TREVISO UND DIE DOLOMITEN

1 Das Städtchen Treviso
Idyllische kleinstädtische Eleganz (Seite 60)

2 Fresken von Tommaso da Modena
Trevisos meistbeschäftigter Künstler des 14. Jhs. (Seite 62, 63)

3 Die Hügel von Asolo
Stilvoll: Sommerfrische, Palladio-Villa, Kunst (Seite 64)

4 Venetische Villen bei Castelfranco
Keine Venetoreise ohne Villen (Seite 64)

5 Durch die Prosecco-Hügel
Eine Weinstraße durchs Rebland Veneto (Seite 65)

6 Cortina und das Cadore
Mondäner Skiort in der grandiosen Bergwelt der Dolomiten (Seite 58, 59)

Geldadel, Kultur, Politik entwickelt. Auf dem *Corso Italia,* der sich durchs nunmehr verkehrsberuhigte Zentrum zieht, findet zu jeder Tageszeit die Pelzparade statt, auf der Terrasse und an der Bar des Hotels De la Poste trifft man sich zum Aperitif. Viele haben sich alte Chalets zurechtgemacht oder neue gebaut. Cortina hat ausgezeichnete Pisten zu bieten, etwa den Skizirkus auf den Tofane – nicht umsonst stammen viele exzellente Alpinisten aus der Stadt. Die Atmosphäre des Orts prägen die alten, großen Hotels, Schlittenhunderennen, Schneepolo, Kunstausstellungen, schöne Geschäfte und mondäne Events. Interessant ist die *Ciasa de ra Regoles,* eine Art Gemeindehaus, das Aufschluß gibt über die traditionelle, noch lebendige Form der Selbstverwaltung der in »Regeln« organisierten Bewohner. Außerdem gibt es eine gute *Sammlung moderner Kunst (nur in der Sommer- und Wintersaison Mo–Sa 10–12 u. 16–19 Uhr, V. Parco 1).* Atemberaubende Ausblicke bietet die Seilbahn ✈ »Freccia nel cielo« (ganzjährig) auf die *Tofana di Mezzo:* vom Adamello über den Großglockner bis hin zur Lagune von Venedig. Auskunft: *P. S. Francesco 8, Tel. 04 36 32 31, Fax 04 36 32 35*

Feltre (109/D 5)

Das Schicksal des Städtchens (20 000 Ew.) verlief parallel zu dem Bellunos, auch die Lage auf einer Terrasse ist ähnlich und die venezianisch geprägte Urbanität mit schönen Bürgerhäusern: die kleine Schwester Bellunos. Das Zentrum gruppiert sich um die Hauptachse *V. Mezzaterra* und die *P. Maggiore* unterhalb der Wehranlage (16. Jh.). Im östlichen Ortsteil *Cellarda* steht die eindrucksvolle romanisch-byzantinische Wallfahrtskirche *SS. Vittore e Corona,* weiter unten im Piavetal in der netten Ortschaft *Lentiai* die Renaissancekirche *S. Maria Assunta* mit bemalter Kassettendecke. Im Nordwesten geht es hinauf auf den Paß *Croce d'Aune,* herrlich gelegen und im Winter mit Skipisten.

TREVISO

(114/C 1) ★ Nicht wenige Venetoreisende verlieren ihr Herz an das Städtchen Treviso (83 000 Ew.), nur 25 km nördlich Venedigs landeinwärts gelegen. Diese Liebe gilt seinem Zentrum – die einst ländliche Peripherie, nunmehr von moderner Infrastruktur, Zersiedelung und zahllosen Betrieben aufgerieben, bleibt nach draußen verbannt vor die Stadttore des Befestigungsrings, den die Venezianer im 16. Jh. um das Bischofs- und Landwirtschaftsstädtchen gezogen hatten. Dieser Ring ist heute noch großteils erhalten und ideal zum Spazierengehen. Im Innern eröffnet sich dem Besucher eine mittelalterliche Stadtstruktur, durch die die Arme und Kanäle des Botteniga ihren labyrinthischen Weg in den Sile suchen, dicht an den Mauern der Häuser entlang, auf die die mal sonnensilbrigen, mal grüngelben Wellen ihre flirrenden, tanzenden Reflexe werfen. Blumengeschmückte Balkone und Loggien, Trauerweiden und Gärten bilden an manchen stillen Stellen den Inbegriff eines Idylls, etwa längs des Kanals Cagnan Grande, der zum Inselchen Isola Peschiera führt, das sich jeden Vormittag in einen pittoresken ✪ Fischmarkt verwandelt. An Venedig erinnern die Portikushäuser und Brückchen am Canal Buranelli nördlich hinter dem Hauptplatz P. dei Signori. Treviso und seine Bewohner gelten als besonders elegant und sinnenfroh, als Lebensästheten, und das immer schon: Wie sonst ließen sich die noch deutlichen Spuren der mit raffinierten Renaissancemustern geschmückten Fassaden der Häuser erklären? Eine wohlhabende Stadt: Hier sitzen die Casual-Giganten Benetton, Stefanel, Replay. Vieles ist in den letzten Jahren restauriert worden, und gut gekleidete, gepflegte Frauen und Männer flanieren die Via Calmaggiore mit ihren schicken Geschäften zwischen Dom und P. dei Signori auf und ab. Zum Cappuccino und zum Aperitif trifft man sich im Café Bifi unter der Loggia an der P. dei Signori, am Wochenende fährt man zum Golfspielen in die Hügel von Asolo. Oder man radelt auf einem Modell des genialen Bike-Bauers Pinarello den Sile entlang, dessen einzigartige Quelltümpellandschaft unter Naturschutz steht. Zu sehen ist das etwa 16 km westlich bei Casacorba oder im Naturreservat *Oasi S. Cristina di Cervara* bei Morgano. Im klaren, frischen Wasser dieses Flusses wird das Mittelstück des scharlachroten Radicchio weiß gewaschen, ihm verdankt Treviso diesen König unter den Salaten. Kurz vor Weihnachten verwandelt sich die Hauptpiazza in ein rotes Radicchiofeld, zum Fest auf dieses Wahrzeichen der Stadt, das tonnenweise in die besten Restaurants der Welt exportiert wird.

Mit Schick und Charme bezaubert das mittelalterliche Zentrum Trevisos

Auch in den hiesigen Lokalen überbieten sich dann die Köche. Das Salatfest verweist aber auch auf die ländliche Seite der Stadt, die fruchtbare Marca Trevigiana, in die es im 18. Jh. die venetischen und venezianischen Familien auf der Suche nach geeigneten Lagen für ihre Landvillen führte. Entsprechend viele und schöne Exemplare finden sich heute noch in der Umgebung (Villenkarte beim Fremdenverkehrsamt). Schiffsfahrten auf dem Sile organisiert *Fratelli Stefanato* in *Casale sul Sile (Tel. 04 22 78 86 63).*

BESICHTIGUNGEN

Duomo S. Pietro

Ein Sammelsurium an Stil- und Bauelementen vom 11. bis ins 19. Jh. auf dem Säulenwald einer romanischen Krypta. Die Cappella dell'Annunziata schmücken das Altarbild »Die Verkündigung« (1520) von Tizian und die Wandfresken von Pordenone. Links neben dem Dom erhebt sich die romanische Taufkapelle, auf seiner Apsisrückseite zeigt das *Museo Diocesano di Arte Sacra (Mo–Do 9–12, Sa 15–18 Uhr, V. Paris Bordone)* im alten Pfarrhaus den Domschatz. *P. Duomo*

Loggia dei Cavalieri
An der *V. Martiri della Libertà* unweit der P. dei Signori trafen sich im Mittelalter die Edelleute in dieser Arkadenloggia.

Piazza dei Signori
Ein sympathisches, verschachteltes Sammelsurium: An der Ostflanke beherrscht den Platz der *Palazzo dei Trecento* von 1210, mit Arkaden und dreibogigen Triforienfenstern, im Mittelalter Sitz des Bürgerrats, 1946–52 nach den Kriegsschäden fast vollständig rekonstruiert. Unter seiner großen ✪ Loggia (16. Jh.) treffen sich die Trevisaner heute. Dann der *Palazzo del Podestà* mit dem Uhrturm, der Ende des 19. Jhs. im Stil des Mittelalters restauriert wurde, schließlich der *Palazzo Pretorio* aus dem 17. Jh. Durch die Loggia gelangt man auf die *P. del Monte di Pietà* mit gleichnamigem Palazzo, im 15. Jh. ein Leihhaus, heute eine Bank.

S. Caterina dei Servi di Maria
Im Innern wird der berühmte ★ Freskenzyklus des Tommaso da Modena zum Leben der hl. Ursula aufbewahrt (wird z. Zt. restauriert). Wenn ein Künstler Trevisos Kirchenmalerei geprägt hat, dann dieser Tommaso da Modena aus der Emilia, der Lieblingsmaler des Bischofs im 14. Jh. *V. S. Caterina*

S. Francesco
Hier liegen Francesca, die Tochter Petrarcas (1384), und Pietro, der Sohn Dantes (1364) begraben; außerdem wieder ★ Fresken von Tommaso da Modena. *P. S. Francesco*

Einen Blick in die mächtige gotische Kirche San Nicolò sollten Sie beim Stadtbummel nicht auslassen

S. Nicolò

Eine eindrucksvolle gotische Kirche aus dem 13./14. Jh. Im ehemaligen Kapitelsaal im angrenzenden Seminario Vescovile sieht man die ★ Dominikanerporträts (1352) von Tommaso da Modena. *V. S. Nicolò*

Museo Civico Luigi Bailo

Archäologische Funde, venetische Malerei und die Skulpturen von Arturo Martini, Sohn der Stadt und einer der größten Bildhauer des 20. Jhs. *Di–So 9–12.30 u. 14.30–17 Uhr, Borgo Cavour 24*

RESTAURANTS

All'Antica Torre

Einladendes Restaurant in mittelalterlichem Turm mit Risottospezialitäten und frischem Fisch. *So geschl., V. Inferiore 55, Tel. 04 22 58 36 94, Kategorie 2*

Osteria Al Dante

◐ Alteingesessene Osteria mit köstlichen Kleinigkeiten. Im Sommer Tische am Wasser. *Sa-Mittag u. So geschl., P. Garibaldi 6, Tel. 042 25 18 97, Kategorie 3*

Toni del Spin

◐ Bei Einheimischen und Besuchern gleichermaßen beliebte Trattoria mit guter traditioneller Küche. *Mo-Mittag u. So geschl., V. Inferiore 7, Tel. 04 22 54 38 29, Kategorie 3*

EINKAUFEN

Um die *P. dei Signori,* längs der *V. Calmaggiore* und in den Seitengassen konzentrieren sich edle Mode-, Schuh-, Schmuck- und Glasgeschäfte. Eine Spezialität Trevisos sind Spielkarten, erhältlich in jedem Tabakgeschäft. Beim Markt auf der Isola Pescheria finden Sie den einmaligen Gewürz- und Stockfischladen *Bottega del Baccalà (V. Pescheria 12),* den Fahrradhersteller *Pinarello Biciclette* im *Borgo Mazzini 9.*

HOTELS

Campeol

Eine kleine Herberge mit Patina im Zentrum. Dazu gehört das renommierte, gutbürgerliche Restaurant *Beccherie (So-Abend u. Mo geschl., Kategorie 2).* 14 Zi., P. Ancillotto 10, Tel. 042 25 66 01, Fax 04 22 54 08 71, Kategorie 3*

La Fattoria

Wenige Kilometer südöstlich in *Silea* liegt dieses freundliche, gepflegte Hotel in einer restaurierten *barchessa.* 28 Zi., V. Callalta 83, Tel. 04 22 36 17 70, Fax 04 22 46 01 50, Kategorie 2–3*

Villa Condulmer

15 km südlich in *Zerman* bei Mogliano Veneto ein wunderschönes Villenhotel mit Pool, Golf und Tennisplatz. *25 Zi., Tel. 041 45 71 00, Fax 041 45 71 34, www.TSI.it/Condulmer/Index. HTML, Kategorie 1*

AUSKUNFT

P. Monte di Pietà 8, Tel. 04 22 54 76 32, Fax 04 22 41 90 92, www.Seven on Line.it/TVAPT.

ZIELE IN DER UMGEBUNG

Castelfranco Veneto (114/B 1)

Ein von einer 17 m hohen, quadratischen Festungsmauer eingeschlossenes Städtchen, Trevisos mittelalterliches Bollwerk gegen Paduas Cittadella, außerdem Geburtsort des berühmten Malers Giorgione *(Casa di Giorgione, Di–So 9–12 u. 15–18 Uhr, P. Duomo)*. Im *Dom* hängt hinter Panzerglas sein kostbares Madonnenbild (1504), außerdem weitere Bilder venetischer Maler in der Sakristei. Wieder einmal stehen ★ <mark>wunderschöne Villen</mark> in der näheren Umgebung: in der Stadt selbst der *Palazzo Revedin-Bolasco* (18. Jh.) mit weiter *Parkanlage (Mitte März–Anfang Nov. Do, Sa 10–12.30 u. 15.30–19 Uhr)*; in *S. Andrea* 4 km südwestlich die kleine, anmutige *Villa Corner Chiminelli* (16. Jh.) mit Freskenausmalung von Benedetto Caliari, Bruder des Veronese, und einem *Handwerks- und Bauernmuseum (April–Okt. tgl. 15–18 Uhr)*; in *Piombino Dese* 10 km südöstlich die *Villa Cornaro* von Palladio *(Mai–Sept. Sa 15–18 Uhr)*; schließlich in *Fanzolo di Vedelago* 7 km nordöstlich die grandiose *Villa Emo-Capodilista (tgl. 15–19 Uhr, So auch 10–12.30 Uhr)*, ein Meisterwerk Palladios (1560) mit Fresken von Giovanni Battista Zelotti.

Hügel von Asolo (Colli Asolani) (109/D–E 6)

★ Richtung Nordwesten geht es zunächst durch zersiedelte Geschäftigkeit: 80 Prozent der Skischuhe auf der Welt kommen aus *Montebelluna* und Umgebung, das <mark>⚐ Museo dello Scarpone</mark> *(Mo–Sa 9–12 u. 15–18 Uhr, So bis 19 Uhr, V. Zuccareda)* in der Villa Zuccareda da Binetti zeigt die Spanne vom Oldtimermodell bis zum High-Tech-Sportschuh. Der Weg in die Hügel von Asolo führt

weiter über *Maser,* wo eine der berühmtesten und schönsten Villen Venetiens steht, die *Villa Barbaro (März–Okt. Di, Sa, So 15–18, Nov.–Feb. 14.30–17 Uhr)* von Palladio (1560).

Die Hügel um Asolo falten sich im Schutz des Monte-Grappa-Massivs auf, ein abwechslungsreiches Auf und Ab bei sanftem Klima. Mit Ackerfetzen, Rebzeilen, Obst-, Mandel- und Olivenbäumen tapeziert, mit Wäldern, über die schwarzgrüne Zypressen ragen, gelten die Colli Asolani seit jeher als besonders schöner Flecken. So finden sich neben Bauernsiedlungen typisch venetische Patriziervillen und in herrlicher Lage am Hügel das alte Städtchen *Asolo* (6000 Ew.) mit seiner urbanen Beschaulichkeit aus kleinen Plätzen, Palazzi und Arkaden. Das gewisse Etwas kam mit der musisch-kosmopolitischen Hofhaltung der Caterina Cornaro, der ehemaligen Königin von Zypern, die ab 1489 in Asolo residierte. Im 20. Jh. kamen die Schauspielerin Eleonora Duse (hier begraben), Ernest Hemingway und viele andere.

Der venezianische Luxuswirt Arrigo Cipriani führt hier ein paradiesisches Hotel mit Restaurant *(Villa Cipriani, 31 Zi., V. Canova 298, Tel. 04 23 95 21 66, Fax 04 23 95 20 95, Kategorie 1)*. Gilberto Benetton aus dem Trevisaner Pulloverimperium hat bei Cavaso del Tomba oberhalb Asolos einen feinen *27-Loch-Golfplatz (V. Ronche, Tel. 04 23 94 20 00, Fax 04 23 54 32 26)* anlegen lassen. Einkaufstips in Asolo: Spitzen und Stickereien in der *Scuola Asolana dell'Antico Ricamo (V. Sottocastello 6)*, edle Seidenstoffe in der *Tesseria Asolana (V. Marconi 136),* außerdem Keramikge-schäfte.

Die Weinberge der Colli Aso-lani bilden zusammen mit dem Montello ein DOC-Anbauge-biet (Merlot, Cabernet, Pro-secco). Im hübschen Dorf Cre-spano del Grappa steht die urige Weinschenke mit Trattoria *Bar Enoteca Venezia (Mo u. Di geschl., P.S. Marco, Tel. 042 35 37 20, Ka-tegorie 3). Possagno* 10 km nördlich von Asolo zählt nur knapp 2000 Seelen, ist aber Hochburg der ita-lienischen Ziegelbrennerei dank der Tonerde der Umgebung. An-tonio Canova (1757–1822), der unter dem europäischen Adel und Bürgertum seiner Zeit best-bezahlte Bildhauer und Maler, stammt von hier. Sehenswert sind die *Tempelkirche* mit Canovas Grab und sämtliche Gipsmodelle seiner Skulpturen im Geburts-haus *Casa del Canova (Mai–Sept. Di–So 9–12 u. 15–18, Okt.–April 9–12 u. 14–17 Uhr, V. Canova 85).*

Oderzo (109/F 6)

Ein hübsches Städtchen auf dem Weg in die venetisch-friulani-sche Ebene mit gotischen Ar-kadenhäusern, einem gotischen Dom und einem Museum mit sehenswerten Funden aus früh-geschichtlicher Zeit. Im nahen *Portobuffolè* (9 km nördlich) liegt das vielleicht schönste Villen-hotel des Veneto, die *Villa Giusti-nian (35 Zi., Tel. 04 22 85 02 44, Fax 04 22 85 02 60, Kategorie 1–2).*

Valdobbiadene und Conegliano (109/D–F 6)

Über die Voralpen nördlich des Piavetals ziehen sich die Rebzei-len der weißen Prosecco-Traube, eine Hügellandschaft mit netten Dörfern, durch die sich die ★ Weinstraße schlängelt, die die beiden Winzerstädtchen Valdob-biadene und Conegliano mitein-ander verbindet. In *Valdobbiadene* (11 000 Ew.) hat die Enoteca der Trevisaner Weinberge mit Wein-karte und Winzeradressen ihren Sitz in der Villa dei Cedri in einem schönen Park. Auf aus-gewählten Hängen gedeiht der Edel-Prosecco Cartizze zwi-schen den Dörfern *S. Stefano, S. Pietro di Barbozza* (hier die nette *Trattoria Alla Cima, Mo-Abend u. Di geschl., V. Cima 8, Tel. 04 23 97 27 11, Kategorie 2–3)* und *Saccol.* Aus *Co-negliano* (35 000 Ew.) mit seiner ⚜ Burg (schöne Aussicht, Bil-dersammlung) kam der be-rühmte Maler Cima da Cone-gliano (Altarbild von 1493 im Dom). Ein empfehlenswertes Weinlokal ist das *Due Spade (Mi-Mittag u. Di geschl., V. Beato Ongaro 69, Tel. 043 83 19 90, Kategorie 3).*

Vittorio Veneto (109/E–F 5)

Einst waren dies zwei Orte, Ceneda und Serravalle unterm Fels am Bergfluß Meschio. Bei der Nationalstaatseinigung 1866 wurden auch sie vereint zu Vit-torio Veneto (29 000 Ew.). Im schönen alten Ortskern von Ser-ravalle lohnen die freskenge-schmückte *Kapelle S. Lorenzo (nur So geöffnet)* aus dem 15.Jh. beim alten Hospital und der *Dom* mit einem Tizian-Gemälde. In der *Loggia Serravallese* (15.Jh.) an der einladenden *P. Flaminio* ist das *Museo del Cenedese (Mi–Mo 10–12 u. 16.30–18.30, Okt.–April 15–17 Uhr)* mit mittelalterlicher Kirchen-kunst untergebracht. An der Piaz-za finden Sie auch die gemütli-che *Osteria Alla Cerva (Do geschl., Tel. 043 85 73 53, Kategorie 2–3).*

Sandstrände und Karstfelsen

Und im Hinterland lockt die »Toskana des Nordostens«

Wir leben hier zwar am Rande Italiens, dafür aber im Herzen Europas«, sagen die Leute in Julisch-Venetien. Das stimmt heute mehr denn je, nachdem sich 1989/90 der Eiserne Vorhang lichtete und sich damit der kleine Grenzverkehr mit Slowenien nunmehr zum Austausch mit Osteuropa weitet. Seit Jahrhunderten ist diese Gegend in Friedenszeiten ein multikulturelles Grenzgebiet, in Kriegszeiten freilich ein heikles Frontgebiet.

Für neugierige Reisende gibt es hier praktisch alles: Badeurlaub an endlosen flachen Sandstränden bei Lignano und Caorle, zwischen Duino und Triest eine der schönsten Steilküsten Europas, die hügelige Reblandschaft des Collio, mit den besten Weißweinen Italiens und guten Lokalen ein Schlemmerparadies, die römische Stadt Aquileia, das christlich-mittelalterliche Grado, venezianische Städtchen wie Palmanova und Muggia, habsburgisch geprägte Städte wie die Burgstadt Görz und die Hafen-

Schloß Miramare versteckt sich in einem Park über der Triestiner Riviera

stadt Triest. Ausführliche Informationen zu den Küstenorten finden Sie im MARCO POLO Band »Italienische Adria«.

AQUILEIA

(117/D 2) An der baumgesäumten Provinzstraße 352, der alten Römerstraße Augusta Giulia, die durch eine platte, weite Ackerlandschaft auf die Küste und die Lagune von Grado zuführt, liegt Aquileia – bzw. seine Überbleibsel. Denn wo sich vor 2000 Jahren dieser legendäre Adriahafen befunden hatte, das Handelsscharnier zwischen Donauraum und Rom mit über 100 000 Einwohnern und pulsierendem Leben, verliert sich heute ein kleines Dorf von knapp 3000 Seelen: Gemüsegärten, ein paar Ferienwohnungen, wenige Restaurants und Andenkenläden. Ruinen sind übriggeblieben und viele Fundstücke, auch sehr kostbare, die Aufschluß geben über das damalige Leben, die feinen Handelswaren Aquileias, das mit Augustus sogar zur Hauptstadt der Region Venetia et Histria wurde, eines ersten territorialen Entwurfs für die Regionen des heutigen Nordostens. Nach dem

Zerfall des römischen Imperiums bekam Aquileia eine zweite Chance mit der Konsolidierung des Christentums: als Sitz des Patriarchen (die byzantinische Bezeichnung für Bischof), dessen Amtsbereich den ganzen Nordosten umfaßte. Aus dieser Zeit hat die eindrucksvolle Basilika mit ihrem herrlichen Mosaikfußboden überlebt. Dennoch kam Aquileia nicht mehr auf die Beine, der Hafen versandete, Cividale im Landesinnern und Grado draußen vor der Küste liefen der einstigen Hauptstadt den Rang ab. Von Grado aus kann man auch mit einem Ausflugsboot durch die Lagune in das kleine Dorf mit großer Vergangenheit fahren *(Sunrise am Pier von Grado, Tel. 043 18 01 96 oder 033 58 00 13 00).*

BESICHTIGUNGEN

Ausgrabungen

★ Links und rechts der Via Augusta Giulia verteilen sich, umgeben vom heutigen Siedlungsbild, die Überreste des alten Aquileia: Ins Auge fallen gleich am Straßenrand das elegante Mausoleum aus dem 1. Jh. v. Chr. und die Säulenzeile des Forums. Dem Schild »sepolcreto« folgend, entdeckt man inmitten von Gemüsegärten einen römischen Friedhof mit fünf steinernen Familiengräbern. Und unter den Zypressen längs der sogenannten Via Sacra stößt man auf die Anlegemauern des antiken Flußhafens am heute schmalen Natissa. *Tgl. 9 Uhr–1 Stunde vor Sonnenuntergang*

Basilica S. Maria

★ Schon von weitem sieht man den romanischen Kirchturm (73 m) der Basilika. Noch zur Zeit Konstantins (4. Jh.) war sie in der damals typischen Form einer Hallenbasilika entstanden. Aus jener Zeit stammt auch der schönste, größte und besterhaltene frühchristliche Mosaikfußboden des Abendlandes im Zentrum der Kirche. Die Kirche selbst wurde in den fol-

MARCO POLO TIPS
FÜR TRIEST UND DIE ADRIAKÜSTE

1 Aquileia
Eindrucksvolle Reste aus Römer- und Patriarchenzeit (Seite 68)

2 Grado
Kostbare Tempel des Frühchristentums (Seite 70)

3 Tropfsteinhöhle Grotta Gigante
Eine magische Unterwelt im Karst (Seite 76)

4 Kaffeehäuser in Triest
K. u. k. Tradition am Hafen des Kaffeehandels (Seite 75)

5 Zwischen Miramare und Duino
Traumpanoramen an der Küstenstrecke (Seite 77)

6 Landpartie ins Collio
Ein genußvoller Abstecher ins Weingebiet (Seite 71)

Die flachen Sandstrände der oberen Adria sind ideal für Familien

genden Jahrhunderten umgewandelt und erweitert. Den ◆ *Kirchturm (Mitte Okt.–Mitte März geschl.)* kann man besteigen (bei guter Sicht toller Fernblick). Von hier oben erkennt man gut den Grundriß der römischen Stadt. *Mitte März–Mitte Okt. Mo–Sa 8.30–19, So 8.30–19.30 Uhr, Mitte Okt.–Mitte März tgl. 8.30–12.30 u. 14.30–17.30 Uhr*

MUSEEN

Museo Archeologico Nazionale
In einer Villa des 19. Jhs. ist das reiche römische Kunsthandwerk untergebracht, darunter die berühmte Glassammlung. Außerdem wird das Relikt eines bei Monfalcone 1972 gefundenen römischen Schiffes gezeigt. *Mitte März–Mitte Okt. Di–So 9–18.30 Uhr, Mitte Okt.–Mitte März Di–Sa 9–14, So 9–13 Uhr, V. Roma 1*

Museo Paleocristiano Nazionale
Sehenswerte Fundstücke aus der frühchristlichen Zeit Aquileias. *Tgl. 9–13.45 Uhr, im Vorort Monastero, P. Pirano*

RESTAURANT

La Colombara
Ein klassisches, gutes Fischrestaurant. *Mo geschl., V. S. Zilli 42, Tel. 043 19 15 13, Kategorie 2*

HOTEL

Patriarchi
Im Ort finden Sie dieses ordentliche, komfortable Hotel. *23 Zi., V. Giulia Augusta 12, Tel. 04 31 91 95 95, Fax 04 31 91 95 96, Kategorie 2–3*

AUSKUNFT

P. Capitolo 4, Tel. 04 31 91 94 91

ZIELE IN DER UMGEBUNG

Badeküste   (116/A–C 3–4)
⚡ Von *Lignano Sabbiadoro* (»Goldsand«), der Hochburg der Sonnen- und Strandindustrie der östlichen Adria, wozu auch das etwas diskretere, grüne *Lignano Pineta* gehört, reiht sich hier an der Sandküste der oberen Adria bis zur Lagune von Venedig ein

Fischereiflotte, Yachthafen und gute Fischrestaurants: Lagunenstädtchen Grado

Badestrand an den anderen; Ferienorte sind das einfache *Bibione,* das nette Städtchen Caorle mit Altstadt, Fischereibetrieb und romanischer Kathedrale mit auffallendem Kirchturm, das familienfreundliche *Eraclea Mare,* schließlich die lebhaften *Lido di Jesolo* und *Cavallino* vor der Lagune Venedigs, auch gut geeignet für Ausflüge nach Venedig. Ausführlich berichtet der MARCO POLO Band »Italienische Adria«.

Grado (117/D 3)

Das Lagunenstädtchen (9000 Ew.) mit seinem pittoresk-verwinkelten, mittelalterlichen Kern voller guter Fischrestaurants liegt im Meer auf dem äußersten Landfetzen des nordadriatischen Lagunensystems. Über einen schmalen, schnurgeraden Straßendamm ist der Ort übers Wasser zu erreichen. Als sich der Patriarch vor Goten, Hunnen, Langobarden hierher zurückzog, blühte Grado auf und wurde zur Konkurrentin Aquileias. Aus jener Zeit, dem 6. Jh.,

stammen die wunderbaren ★ frühchristlichen *Basiliken* (Erweiterungen noch älterer Vorgängerbauten) in der Altstadt: *S. Eufemia* und die kleine *S. Maria delle Grazie.* Grado hat herrliche Sandstrände, einen renommierten Bade- und Kurbetrieb, einen beliebten Yachthafen und die viertgrößte Fischereiflotte der Adria.

Lagunen (116/C 2–3, 117/D 2–3)

Die *Laguna di Marano* und die *Laguna di Grado* (bzw. was davon noch übriggeblieben ist nach Trockenlegung und Befestigung) sind ein unter Naturschutz gestelltes Geflecht aus Wasserflächen, Kanälen, Rieselwiesen, Dünen, Sandbänken und Inseln. Zu ihnen zählt die Isola di Barbana mit dem Marienheiligtum der Seefahrer von Grado (sehenswerte Sammlung von Votivbildern, am ersten Julisonntag und am 15. August eindrucksvolle Bootsprozession). Im Delta von Isonzo und Tagliamento mit zahlreichen Fischzuchtanlagen (Bootsausflüge) überwintern Reiher, Kormorane, Störche, Sumpffalken. Im sympathischen Fischerdorf *Marano Lagunare* finden Sie das gute Fischrestaurant *Vedova Raddi (Mi geschl., P. Garibaldi 1, Tel. 043 16 70 19, Kategorie 2–3)*.

GÖRZ (GORIZIA)

(117/E 1) An klaren Tagen sieht man vom 🔺 Kastell auf dem Burgberg – mit seinen Bastionen, Sälen, Museen, Festivals und dem Kirchlein S. Spirito ist er das Herz der Stadt (38 000 Ew.) – nicht nur hinunter auf die Ziegeldächer der Altstadt und auf die Barockfassade der Kirche *S. Ignazio* mit ihren beiden Zwiebeltürmen an der *P. della Vittoria*, sondern auch auf Nova Gorica. So heißt die slowenische Hälfte der Stadt, die sich modern in die grüne Hügellandschaft der Umgebung hineinentwickelt. Im Norden von Gorizia liegen die Hügel des berühmten Weinanbaugebiets Collio.

Im Mittelalter residierten die mächtigen Grafen von Görz auf dem Burgberg, 1511 fiel die Stadt den Habsburgern zu, nach dem Ersten Weltkrieg kam sie an Italien, nach dem Zweiten wurde sie geteilt. Ein paar venezianische Intermezzi haben den Markuslöwen hinterlassen, doch die stattlichen Fassaden vieler Palazzi im Zentrum gehen auf den mitteleuropäischen Barockklassizismus der Donaumonarchie zurück. In den Bars und Trattorien hört man Slowenisch genauso wie Italienisch, Mitteilungen und Plakate sind oft in drei Sprachen, auch in Deutsch, abgefaßt. Der Übergang von einer Hälfte der Stadt in die andere verläuft nun reibungslos, und Italiener und Touristen besuchen gern das slowenische Spielkasino in Nova Gorica.

Deftig wird in der *Osteria Blanch (Mi geschl., V. Blanchis 35, Tel. 048 18 00 20, Kategorie 3)* am Ortsrand von *Mossa* gekocht. Die slowenisch-italienische Küche des Karsts dagegen sollten Sie sich 7 km südlich vor den Toren von Görz in *S. Michele del Carso* in der Trattoria Gostilna Devetak *(Mo u. Di geschl., Tel. 04 81 88 20 05, Kategorie 2–3)* schmecken lassen.

ZIELE IN DER UMGEBUNG

Collio **(117/D–E 1)**
★ Die Hügellandschaft oberhalb von Gorizia, dieses kleine, aber hochfeine Weinanbaugebiet, erstreckt sich längs der slowenischen Grenze von S. Floriano del Collio im nordöstlichsten Zipfel bis nach Cormons und Dolegna del Collio im Westen. Hier geht es dann weiter mit den Colli Orientali, die von Cividale del Friuli bis hinauf nach Tarcento reichen. Das Collio als die Toskana des Nordostens zu preisen (Tocai, Pinot Bianco und Grigio, Sauvignon, Chardonnay, Malvasia und Riesling): Das mag schon angehen, allein der Lieblichkeit der Landschaft wegen, aber auch weil sich hier schöne Hotels, gute Restaurants und noble Weingüter finden. Die sogenannte Weinstraße Richtung S. Floriano führt von Görz über *Oslavia* mit seinem Kriegerdenkmal und der Grabstätte für 60 000 Gefallene des Ersten Weltkriegs. Im hoch gelegenen *S. Floriano* lädt das romantische *Golf Hotel (14 Zi., V. Oslavia 2, Tel. 04 81 88 40 51, Fax 04 81 88 40 52, Kategorie 1–2)* ein, mit Schwimmbad, Golfplatz, ei-

genem Weingut und dem Restaurant *Castello Formentini (Di-Mittag u. Mo geschl.)*. Auf dem Weg nach Dolegna, dem nördlichsten Winzerort des Collio, kommt man am Waldgebiet *Plessiva* vorbei: Als Basis für Ausflüge und Wanderungen empfehlen sich die fünf Zimmer im Weingut der Gebrüder *Venica* in *Dolegna (Tel. 048 16 12 64, Fax 04 81 63 99 06, Kategorie 2–3)*. In der Burg *Ruttars* befindet sich das renommierte, elegante Speiserestaurant *Aquila d'Oro (Mi u. Do geschl., Tel. 048 16 05 45, Kategorie 1)*. Zentrum des Collio und Ziel genießerischer Reisender ist das beschauliche k. u. k. Städtchen *Cormons* mit zwei der besten Restaurantadressen Friauls: *Al Giardinetto (Mo u. Di geschl., V. G. Matteotti 54, Tel. 048 16 02 57, Kategorie 2–3)* und *Al Cacciatore de La Subida (Di, Mi u. in der Woche mittags geschl., Ortsteil Monte 22, Tel. 048 16 05 31, Kategorie 2)*. Beide Restaurants vermieten auch Zimmer bzw. Ferienwohnungen. An der großen *P. XXIV Maggio* liegt die einladende ==Enoteca== *(Mi–Mo 10.30–13 u. 17–22 Uhr)*: Collio-Weine glasweise, dazu Salami, Schinken, Käse und Informationen zum Einkauf ab Weingut, Adressen der Winzer, Weinführer, Kochbücher etc.

Gradisca d'Isonzo   (117/D 1)

Diese römische Gründung war später venezianische Festung. Heute ist Gradisca ein beschauliches Weinstädtchen (7000 Ew.) im Gebiet der Flußebene des Isonzo (auch Rotwein). In der *Enoteca Serenissima (Mo–Sa 10–13 u. 16–19 Uhr, V. Battisti)* können alle guten Weine des Friaul probiert und erstanden werden.

Palmanova   (117/D 1)

Mehr als ein ruhiger Provinzort von 6000 Einwohnern ist dieses Anno 1593 von den Venezianern auf dem Reißbrett entworfene Festungs- und Garnisonstädtchen nie geworden. Berühmt ist sein sternförmiges Stadtbild, das mit dem neuneckigen Festungswall und einem sechseckigen Platz im Zentrum ein typisches Renaissanceprojekt darstellt.

Redipuglia   (117/D 2)

In den verheerenden Schlachten am Isonzo im Ersten Weltkrieg ging es für die Italiener um das letzte große Kapitel in der italienischen Nationalstaatsbildung: das Gebiet Trients sowie Teile des Veneto und des Friaul (um Görz und Triest) aus österreichischer Hand zu befreien. Ein gigantisches Kriegerdenkmal (Sacrario Militare Redipuglia)

Bora

Mit bis zu 100 km/h rast die Bora durch Triest Richtung Meer: ein eiskalter Winter- und Frühjahrswind aus Nordosten. Die Bora kommt über die Stadt wie ein Überfall, im unheimlichen Wechsel aus heftigen Böen und totaler Stille, und sie dauert meistens drei Tage. In den letzten Jahren hat sie etwas nachgelassen, ist weniger heftig und seltener geworden. Im Ernstfall kommen die an manchen Häuserkanten und in Straßenkurven angebrachten Geländer und Haltegriffe gelegen.

aus faschistischer Zeit, das in 22 Stufen den Monte Sei Busi hinaufführt, erinnert an 100 000 tote Soldaten.

TRIEST (TRIESTE)

☛ **Stadtplan in der hinteren Umschlagklappe**

(117/E–F 3) Als Hafenstadt zeigt Triest seine schönste Seite dem Meer: ein Promenadenband aus den hell leuchtenden Fassaden der Palazzi im imposanten Stil des Wiener Klassizismus, Repräsentationsbauten der Reeder, Händler, Versicherungen des 18. und 19. Jhs. Die Mitte dieser Uferzeile bildet der elegante Empfangssalon P. dell'Unità, davor öffnet sich der weite Golf mit tanzenden, weißen Segelbooten und mächtigen Schiffen.

Obschon mit römischen Gründungsspuren und einem mittelalterlichen Herzstück am Hügel S. Giusto, ist Triest ein Produkt des habsburgischen Vielvölkerstaates, als dieser Anfang des 18. Jhs. einen großen Handelshafen an der Adria brauchte: Italiener, Österreicher, Deutsche, Slowenen, Juden, Griechen, Armenier und viele mehr haben Triest »gemacht«. Das kosmopolitische Flair dieser eigentlich kleinen Stadt (229 000 Ew.) zeigt sich an den Gotteshäusern verschiedener Glaubenskulte, an den Familiennamen, am regen Kulturleben – und an dieser gewissen urbanen Nonchalance. Man trifft sich in den Kaffeehäusern, flaniert über Plätze und Boulevards. Am Wochenende kommen die Ungarn und kaufen auf dem Kleidermarkt an der P. Ponterosso beim Canale Grande ein. Im Sommer treibt es die Menschen ans Meer

Richtung Miramare oder Muggia, die Jugendlichen am liebsten an den Strand von ☩ Barcola am nördlichen Stadtrand, wo die Eisdielen und Snackbuden bis 2 oder 3 Uhr nachts geöffnet sind. Am Strand vor Miramare begegnet man Japanern, Indern, Amerikanern, Afrikanern, den Wissenschaftlern aus dem Centro Internazionale di Fisica Teorica di Miramare, eines der vielen international renommierten Forschungsinstitute, die die Stadt Triest in den letzten 30 Jahren aufgebaut hat.

Seit 1962 zwar Hauptstadt der Region Friaul-Julisch-Venetien, blieb die Stadt dennoch bis vor ein paar Jahren im Abseits der Grenzen. Doch seit dem Mauerfall liegt die Zukunft nun auch im Osten, und Triest ist sein Eingangstor. So hat die Hafentätigkeit im modernen Containerhafen im Süden der Stadt stark angezogen, im nahen Monfalcone werden die größten Kreuzfahrtschiffe der Welt gebaut – und auch die Touristen kommen.

Aufgrund ihrer jüngsten Geschichte und ihrer eigentlich wenig typisch italienischen Kultur fühlen sich die Bewohner Triests in erster Linie als Triestiner. Und sie sind eingefleischte Städter, was auch mit ein Grund für die Distanz zu den Slowenen ist, die vornehmlich als Landwirte im Karst leben. Dabei lieben die Triestiner die Landpartie – als typische Städter – in den Karst.

BESICHTIGUNGEN

Borgo Teresiano

Wie der Name schon sagt, setzt die urbane Entwicklung dieses

Stadtteils im 18. Jh. mit der Habsburgerin Maria Theresia ein: Da ist einmal die *P. della Borsa* mit ihren klassizistischen Gebäuden, der ehemaligen *Börse,* heute Handelskammer, und dem *Palazzo Tergesteo* mit eleganter Galleria, darin das berühmte gleichnamige Kaffeehaus. 1801 kam das *Teatro Verdi* dazu. Zentrale Achse des Viertels ist der *Canale Grande,* 1756 als geschützter Hafenkanal angelegt, ideal zum Verladen der Waren direkt in die großen Kaufmannslager. Heute dümpeln hier ein paar kleine Boote vor sich hin.

Colle S. Giusto

Den Stadtkern überragt der S.-Giusto-Hügel mit den Befestigungsanlagen des Kastells. Ihre heutige Gestalt erhielt die Burg zwischen 1470 und 1630. In den restaurierten Innenräumen ist das *Museo Civico* untergebracht, der Innenhof verwandelt sich im Sommer in einen Schauplatz für Freilichtveranstaltungen. Auf dem Hügel steht auch die *Kathedrale S. Giusto,* das symbolträchtigste und wichtigste Monument der Stadt, auf den Resten des römischen Kapitols. Die Fassade schmückt eine schöne gotische Rosette, im eleganten Innern stechen in der linken Apsis die venezianischen Mosaiken des 12. Jhs. hervor.

Piazza dell'Unità d'Italia

Den weiten, zum Meer hin geöffneten Paradeplatz und Salon Triests mit dem schönen *Caffè degli Specchi* rahmen die überaus stattlichen Fassaden der Repräsentativbauten des 19. Jhs.: das Rathaus *Palazzo Comunale,* der *Palazzo del Governo,* der *Palazzo della Regione* und das impo-

sante Gebäude der berühmten Reederei und Versicherungsgesellschaft *Lloyd Triestino,* in dem heute das beste Hotel Triests mit hocheleganten Verandarestaurant untergebracht ist, das *Grand Hotel Duchi d'Aosta (52 Zi., Tel. 04 07 60 00 11, Fax 040 36 60 92, Kategorie 1).*

Römische Zeugnisse

Aus der Zeit, in der Triest noch Tergeste hieß, stammt der *Arco di Riccardo* am Beginn der *V. del Trionfo,* eines der römischen Stadttore von 33 v. Chr. Im *Teatro Romano* am Fuß des S.-Giusto-Hügels *(V. del Teatro Romano)* aus dem 2. Jh. hatten 6000 Zuschauer Platz. Säulenreste des Forums stehen beim Kastell S. Giusto.

Museo della Comunità Ebraica Carlo e Vera Wagner

Privatsammlung jüdischer Sakralgegenstände und die größte Synagoge Europas *(V. Donizetti 4). Di–Do 16–18, So 17–20 Uhr, V. del Monte 5/7*

Museo Ferroviario

Ein für Groß und Klein spannendes Eisenbahnmuseum im alten Triestiner Bahnhof. *Di–So 9–13 Uhr, Stazione di Campo Marzio, V. Giulio Cesare 1*

Museo Revoltella

Der Triestiner Wohnpalast aus dem 19. Jh., vom berühmten Architekten Carlo Scarpa modern erweitert, stellt klassische und moderne Kunst aus, von Canova bis De Chirico und Burri. Im Sommer abendliche Unterhaltung im ❖ Dachterrassencafé.

Mi–Mo 10–13 u. 15–20 Uhr, So nur 10–13 Uhr, V. Diaz 27

Museo Civico di Storia ed Arte e Orto Lapidario

Skulpturen und Inschriften aus römischer und mittelalterlicher Zeit, außerdem Gedenkstätte für den in Triest 1768 ermordeten Johann Joachim Winckelmann, den Begründer der modernen Archäologie. *Di–So 9–13 Uhr, V. Cattedrale 18*

CAFÉS

★ Die k. u. k. Kaffeehaustradition hat ein paar wunderbare historische Cafés hinterlassen – immerhin importieren die italienischen Espressoröstereien ihre Kaffeebohnen noch heute über den Hafen Triests, und Riccardo Illy, Erbe der berühmten Espressodynastie, ist derzeit Triests beliebter Bürgermeister. An der *P. dell'Unità d'Italia* finden Sie das *Caffè degli Specchi* und das *Piazza Grande,* in der *Tergesteo*-Passage das gleichnamige Café, an der Uferstraße *Riva III Novembre 5* das *Caffè Tommaseo,* in der *V. Cesare Battisti 18* das *Caffè S. Marco.* Im *Pirona (Largo Barriera Vecchia 12)* begann James Joyce seinen »Ulysses« zu schreiben.

RESTAURANT

Hostaria Bandierette

Ein ausgezeichnetes Fischrestaurant an der Uferstraße beim Pier Bersaglieri, an dem die Passagierschiffe anlegen. *Mo geschl., V. Nazario Sauro 2, Tel. 040 30 06 86, Kategorie 1–2*

BUFFETS

◈ Typisch für Triest sind die Buffets *(alle Kategorie 3)* mit dampfenden Gerichten: Gemüsesuppen, gekochtes Fleisch, Gulasch, Eintöpfe: *Buffet Da Mario (V. Torrebianca 41), Buffet-Trattoria Da Giovanni (V. S. Lazzaro 14),* das legendäre *Buffet Da Pepi (V. Cassa di Risparmio 3)* oder das *Buffet Al Canal (P. Ponterosso 2). Alle vier sind So geschl., Da Mario auch Sa.*

Stippvisite im 19. Jh.: Triest pflegt die österreichische Kaffeehaustradition

Die Haupteinkaufsstraßen sind der *Corso Italia* und vor allem der baumgesäumte *Viale XX Settembre* – mit seinen Geschäften und Cafés die Shopping- und Flaniermeile der Stadt; ein täglicher *Kleider- und Gemüsemarkt* breitet sich an der *P. Ponterosso* beim Canal Grande aus.

HOTELS

Continentale
Ordentliche Mittelklasse in der Innenstadt. *53 Zi., V. S. Nicolò 25, Tel. 040 63 17 17, Fax 040 36 88 16, Kategorie 2–3*

Riviera e Maximilian's
◁▷ 8 km außerhalb an der Küstenstraße nach Miramare in herrlicher Lage, komfortabel, gepflegt, mit Aufzug zum Strand. *58 Zi., Strada Costiera 22, Tel. 040 22 45 51, Fax 040 22 43 00, Kategorie 2*

AM ABEND

Auch am Abend flaniert man auf den Boulevards Corso d'Italia und V. XX Settembre. Die P. dell'Unità d'Italia wird im Sommer Freilichtbühne für Musikkonzerte jeder Art. Wiener Flair findet man bei Piano- und Streichmusik im *Caffè San Marco* in der *V. Cesare Battisti 18.*

AUSKUNFT

V. S. Nicolò 20, Tel. 04 06 79 61 11, Fax 04 06 79 62 99; Hauptbahnhof, Tel. 040 42 01 82, Fax 040 41 68 06, www.TriesteTourism.it (zu Triest); www.fvgpromo.it (zu Friaul-Julisch-Venetien)

ZIELE IN DER UMGEBUNG

Karst (Carso)   **(117/E–F 2–3)**
Charakteristisch für den Karst ist sein schroffes, hellgrau schimmerndes Kalkgestein, mal mit struppiger Vegetation, mal mit sattgrünen Wäldern und Wiesen bedeckt. Durch Erosion ist das poröse Gestein mit Grotten, unterirdischen Tunneln, Schächten und Dolinen durchzogen. Der italienische Teil bildet die Kulisse des Golfs von Triest, von Muggia bis hinauf nach Duino, wo der Karst von Gorizia beginnt.

Von ◁▷ *Villa Opicina* (348 m) mit seinem Obelisken hat man einen herrlichen Blick auf Triest und den Karst. Man erreicht es mit der Zahnradbahn von der P. Oberdan in Triest aus. Nimmt man dann den Bus 45, gelangt man zur ★ ⚐ Tropfsteinhöhle **Grotta Gigante** *(April–Sept. tgl. 9–19, Okt.–März 9–17 Uhr)*, ein überwältigendes Naturwunder, der wohl größte unterirdische Hohlraum der Welt.

In *Rupingrande* bei Monrupino lädt das empfehlenswerte Restaurant *Krizman (Di u. Mo-Mittag geschl., 17 Zi., Tel. 040 32 71 15, Fax 040 32 73 70, Kategorie 3)* mit kleinem Hotelbetrieb zur Einkehr. Selbst im Karst baut man Wein an, den dunklen Terrano. Die Weinstraße führt von Sistiana hinauf bis nach Opicina.

Südöstlich von Triest liegt unweit von Basovizza beim Monte Carso (457 m) gleich an der Grenze *Draga S. Elia* mit der *Locanda Mario (Di geschl., Tel. 040 22 81 73, Kategorie 2–3)*. Mit ihren acht Zimmern eignet sie sich als Ausgangsbasis für das dichtbewaldete Tal *Val Rosandra*, ein beliebtes Wandergebiet.

Überhaupt ist der Karst eine schöne Ausflugsgegend, mit Wäldern und Picknickwiesen, einfachen Trattorien und Buschenschenken. Diese ✪ *frasche,* wo die Weinbauern für ein paar Wochen im Jahr zu Speck und Salami Wein ausschenken dürfen, sind ein noch aus habsburgischer Zeit stammendes Privileg. Ein Zweigbündel am Straßenrand zeigt den Weg zur jeweils geöffneten Schenke.

Küste (117/E 2–3)

Gleich am nördlichen Stadtrand von Triest, beim Badeort Grignano, liegt das ✅ *Kastell Miramare.* Es wurde zwischen 1855 und 1860 für Erzherzog Maximilian, den Bruder von Kaiser Franz Joseph und Schwager von Kaiserin Sissi, als habsburgischer Gouverneurssitz erbaut. Eindrucksvoll ist das dekadente Stilpotpourri von Mittelalter bis Wiener Klassizismus. Im Sommer belebt sich das Anwesen mit nächtlichen Son-et-Lumière-Spielen (die Geschichte von Maximilian und Caroline), das Jahr über lohnen Kastell und ✅ Park mit herrlichem Ausblick *(tgl. 9–18, im Sommer Do–Sa auch 20.30–22.45 Uhr).* Die anschließende ★ ✅ Küstenstrecke bis nach Duino ist wohl die schönste Panoramafahrt entlang der italienischen Adria.

Sehr viel älter als Miramare ist das ✅ *Kastell von Duino:* Es stammt aus dem 14./15. Jh. (neben den Ruinen eines Vorgängerbaus aus dem 11. Jh.). Bislang noch im Besitz der norditalienischen Adelsfamilie Thurn und Taxis und daher nicht zu besichtigen, besticht es durch seine Lage auf den karstigen Klippen, seinen Park und seine poetisch-

literarischen Reminiszenzen: Hier dichtete Rainer Maria Rilke 1912 als Gast der Gräfin Maria seine »Duineser Elegien«. Ein kleines, weißes Hotel mit sauberen Zimmern, Badeplatz und frischem Fisch im Restaurant *(Mi geschl.)* direkt am beschaulichen Hafen von Duino-Porto ist *Alla Dama Bianca (7 Zi., Tel. 040 20 81 37, Fax 040 20 82 58, Kategorie 2–3).*

Ein nach Rilke benannter herrlicher ✅ Klippenweg führt von Duino in den Badeort *Sistiana* mit Yachthafen und Campingplatz. Einem Karstphänomen begegnet man beim nahen *S. Giovanni al Timavo:* Die *Bocche del Timavo* sind die Mündungen des Timavo, eines Flusses, der hier nach 38 km unterirdischem Verlauf durch den Karst an die Oberfläche tritt. Schon in der Antike ein geheiligter Ort, setzt die Kirche *S. Giovanni al Timavo* bzw. *S. Giovanni in Tuba* (Ende 15. Jh.) diese Tradition fort.

Muggia (117/E–F 3)

Das Adriastädtchen (13 000 Ew.) ist das letzte vor der Grenze nach Slowenien und der letzte Rest, der von Istrien nach 1954 noch auf italienischem Boden verblieben ist. Die venezianische Prägung seit 1202, typisch auch für alle anderen istrischen, heute slowenischen bzw. kroatischen Orte, fällt im malerischen Stadtbild schnell auf. Muggia hatte von der Republik Venedig den Auftrag, das Meer von Piraten zu säubern. Beim Bummel lohnen der gotische *Dom* (13./15. Jh.) und das mittelalterliche *Muggia Vecchia* auf einem Hügel mit der ursprünglich romanischen Basilika *S. Maria Assunta.*

Im Nordostzipfel Italiens

Fruchtbare Ebenen, uralte Städte und eine interessante Bergwelt

Das Friaul teilt sich mit Venetien die fruchtbare Ebene der oberen Adria, die der verzweigte Fluß Tagliamento durchzieht. Im Norden und Nordosten erhebt sie sich dann zu den Karnischen und Julischen Alpen, beliebten Wander- und Skizielen. Als nordöstliches Eingangstor war das Gebiet einst erste Station für neue Völker, etwa für die Langobarden nach der Auflösung des Römischen Reichs im 6. und 7. Jh., deren faszinierende Überbleibsel den Besuch Cividales zu einem Höhepunkt machen. Später diente es als Bollwerk, etwa für Venedig gegen Türken und Österreicher, was Udine zu einer wunderschönen Stadt venezianischer Ästhetik machte. 1963 mußte sie ihre zentrale Rolle im Friaul an Triest abgeben, was die Friulaner bis heute nicht verwunden haben. Besser sind sie mit dem Wiederaufbau nach dem Erdbeben 1976 zurechtgekommen, was Städtchen wie Gemona del Friuli und Venzone eindrucksvoll unter Beweis stellen. Genießer belohnt die Reise ins Friaul mit dem köstlichen San-Daniele-Schinken, guten Weinen und dem berühmten Hefegebäck *gubana*.

CIVIDALE DEL FRIULI

(111/D 4) Wo der Natisone aus den Hügeln der Julischen Voralpen in die Ebene tritt, da liegt das Städtchen Cividale del Friuli (11 000 Ew.). Seine hellgrauen Häuser mit roten Ziegeldächern säumen den von üppig grünem Buschwerk gefaßten Fluß. Der ❀ *Ponte del Diavolo,* die Teufelsbrücke auf zwei hoch geschwungenen Bogen, verbindet das Zentrum mit dem anderen Ufer, ein malerisches Bild. Cividale ist eines dieser typisch italienischen Städtchen, die unbefangen mit den Schätzen einer überreichen Vergangenheit zu leben verstehen. Als 568 die »langen Bärte«, die Langobarden, im Nordosten auftauchten und sich hier niederließen, machten sie die römische Stadt Forum Julii (namengebend für Friuli/Friaul), das heutige Cividale, zum Zentrum ihres Herzogtums. Sie blieben 200 Jahre, lang genug, um künstle-

Spaziergang über die Teufelsbrücke: malerische Blicke auf Cividale

risch feine Zeugnisse zu hinterlassen, die Cividale bis heute hütet. Das friedliche Städtchen, klein, aber von gewichtigem Flair – im Mittelalter als Sitz der Patriarchen auch bedeutendes geistliches Zentrum –, eignet sich gut als Basisquartier für weitere Erkundungen, nach Udine oder in die Natur der Natisonetäler.

BESICHTIGUNGEN

Duomo S. Maria Assunta

An der *P. del Duomo,* mit dem *Palazzo Comunale* (15. Jh., Rathaus) und dem palladianischen *Palazzo dei Provveditori Veneti* (16. Jh., Museum) das Herz der Stadt, erhebt sich die schlichte Fassade des 1457 gotisch-venetisch begonnenen und im 16. Jh. im Stil der Renaissance vollendeten Doms. Höhepunkte im eindrucksvollen dreischiffigen Inneren sind das Holzkruzifix (13. Jh.) und der silberne Altarvorsatz (12. Jh.) des Patriarchen Pellegrino II. Vom rechten Seitenschiff geht es ins *Museo Cristiano (April–Okt. Mo–Sa 9.30–12 u. 15–19, So 15–19 Uhr, Nov.–März Mo–Sa 9.30–12 u. 15–18, So 15–17.30 Uhr).* Es zeigt einzigartige Zeugnisse ★langobardischer Steinmetzkunst aus dem 8. Jh., u. a. am Altar eines Herzogs, am Calixtus-Taufbecken und am Thron für spätere Patriarchen.

Tempietto Longobardo

★Schön über dem Fluß liegt dieses kleine, besonders gut erhaltene Gebetstempelchen der langobardischen Könige. Später wurde es Teil des Klosters S. Maria in Valle. Neben Fresken aus dem 12. bis 15. Jh. entzücken vor allem die Stuckdekorationen aus dem 8. Jh., sechs grazile Frauenfiguren, Heilige und Nonnen darstellend. *April–Sept. tgl. 9–13 u. 15–18.30 Uhr, Okt.–März 10–13 u. 15.30–17.30 Uhr, V. Monastero Maggiore 7*

MUSEUM

Museo Archeologico Nazionale

Im Palast der einstigen venezianischen Verwaltungsbeamten neben römischer und romanischer Steinmetzkunst eine faszinierende Ausstellung über das Leben und die ★Kunst der Langobarden, darunter Goldschmuck und Waffen aus ihren Königsgräbern. *Sommer Di–So 9–19, Mo 9–14 Uhr, Winter tgl. 8.30–14 Uhr, P. Duomo 13*

RESTAURANT

Taverna Longobarda

Friulanische Küche und Weine, gute Wildgerichte in sympathischer Atmosphäre. *Di-Abend u. Mi geschl., V. Monastero Maggiore 5, Tel. 04 32 73 16 55, Kategorie 2–3*

HOTEL

Locanda al Pomo d'Oro

Nettes, kleines Hotel im Zentrum mit gutem Restaurant *(Mi geschl.). 13 Zi., P. S. Giovanni 20, Tel./Fax 04 32 73 14 89, Kategorie 3*

AUSKUNFT

Corso Paolino D'Aquileia 10, Tel. 04 32 73 14 61, Fax 04 32 73 13 98

ZIELE IN DER UMGEBUNG

Colli Orientali (110/C 4, 111/D 4–5)

★Das Weinanbaugebiet, das bei den Rebhängen von Tarcento

und Nimis im Nordwesten beginnt, findet seinen Höhepunkt südlich von Cividale in der sanften Hügellandschaft um Buttrio, Manzano, Rocca Bernarda und Corno di Rosazzo: Hier wachsen Tocai, Verduzzo, Merlot, Refosco und die Traube für den raren, kostbaren Dessertwein Picolit. An den Weinstraßen durch die Hügel liegen die Weingüter, etwa in *Buttrio* die *Azienda Vinicola Davino Meroi* mit der dazugehörigen, sehr guten *Trattoria al Parco (Di-Abend u. Mi geschl., Stretta del Parco 1, Tel. 04 32 67 40 25, Kategorie 2–3)*. Schon um des Ambiente willen lohnt ein Besuch im Weingut des Malteserordens in der Burganlage *Rocca Bernarda (nur wochentags, Tel. 04 32 71 62 73)* oder im Weingut in der Barockabtei *Abbazia di Rosazzo* nahe Manzano *(tgl. 9–12 u. 15–18 Uhr, Tel. 04 32 75 90 91)*.

Natisonetäler (111/D 4)
Ein reizvolles Ausflugsziel sind die bei Ponte S. Quirino sich öffnenden Täler des Natisone und seiner Zuflüsse im Mittelgebirge Richtung Slowenien: herrliche Wälder, nette, kleine Ortschaften und interessante Sehenswürdigkeiten wie die *Grotte S. Giovanni d'Antro* mit einem Höhlenkirchlein bei *S. Pietro al Natisone* oder der geschichtsträchtige Borgo *Castelmonte* mit seinem seit Jahrhunderten von Friulanern, Slowenen und Österreichern gleichermaßen besuchten Wallfahrtsort.

PORDENONE

(110/A 5) In der platten friulanisch-venetischen Ebene aus Maisfeldern, Reb- und Obstbaumspalieren gelegen, mit 50 000 Ew. und einer prosperierenden Mittelstandsindustrie, bietet Pordenone dem Touristen ein überraschend schönes historisches Zentrum und vielfältige Einkaufsmöglichkeiten. Als Flußhafen am Noncello im Mittelalter unter den Habsburgern und ab 1508 unter Venedig entstanden, zeigen sich diese Epochen beim

MARCO POLO TIPS
FÜR UDINE UND DAS FRIAUL

1 Langobarden im Friaul
Tempel und Skulpturkunst in Cividale (Seite 80)

2 Colli Orientali
Mit kostbaren Weinen das Pendant zum Collio (Seite 80)

3 Sesto al Reghena
Stimmungsvolle Benediktinerabtei langobardischen Ursprungs (Seite 83)

4 Piazza della Libertà in Udine
Einer dieser Plätze mit typisch italienischem Flair (Seite 85)

5 Dom in Gemona
Beispielhafter Wiederaufbau nach dem Erdbeben (Seite 87)

6 Villa Manin
Das prachtvolle Ferienhaus eines venezianischen Dogen (Seite 88)

Bummel durch die Altstadt *Contrada Maggiore* längs des *Corso Vittorio Emanuele:* Neben Arkaden und freskengeschmückten Palazzi aus Mittelalter und Renaissance verdienen das anmutige gotische *Rathaus* (13.–16. Jh.) und der romanisch-gotische *Dom S. Marco* mit seinem eleganten Kirchturm Beachtung. Im Inneren des Doms kostbare Bilder, darunter die Madonna della Misericordia vom Maler Pordenone (1484–1539), dem berühmtesten Sohn der Stadt. Sehenswert sind auch die Fresken in der *Cappella Mantica.* Weitere venetische und friulanische Malkunst zeigt die *Pinacoteca (Di–Fr 9.30–12.30 u. 15–18 Uhr, Corso Vittorio Emanuele 51)* im Renaissancepalast Ricchieri.

Zum Essen fährt man zur Burg von *Porcia* (3 km westlich) ins *Gildo (So-Abend u. Mo geschl., V. Marconi 17, Tel. 04 34 92 12 12, Kategorie 2)* oder ins 9 km nördlich gelegene *S. Quirino* mit dem edlen Michelin-Stern-Restaurant *La Primula (So-Abend u. Mo geschl., V. S. Rocco 47, Tel. 043 49 10 05, Kategorie 1–2);* die Wirtsfamilie betreibt im alten Teil an der Straße auch die bodenständige *Osteria Alle Nazioni (So-Abend u. Mo geschl., Kategorie 2–3)* mit acht Zimmern.

ZIELE IN DER UMGEBUNG

Portogruaro und
Concordia Sagittaria (110/B 6)

Schon zum Veneto gehörig, paßt das bezaubernde Städtchen Portogruaro (25 000 Ew.) dennoch an dieser Stelle auf den Tourenplan. Zuerst hatte es hier die römische Stadt Julia Concordia gegeben. Ihren archäologischen Resten kann man in der 2 km entfernten Ortschaft Concordia Sagittaria nachspüren. Wie Aquileia war das römische Concordia von den Hunnen zerstört und durch das Christentum wieder belebt worden. Erhalten sind Reste frühchristlicher Kirchen (4./5. Jh.), einer Basilika (10./15. Jh.) und eine intakte romanisch-byzantinische Taufkirche von 1080. Im Mittelalter entstand dann Portogruaro als Hafen am Fluß Lemene, der sich idyllisch zwischen alten Mühlen durch die Altstadt windet. Laubengänge und schöne Palazzi in Spätgotik und venezianischer Renaissance flankieren die gewundene Hauptachse *Corso Martiri della Libertà.* An der *P. della Repubblica* beeindruckt das Rathaus *Loggia Comunale* mit gotischem Treppengiebel, an der parallelen *V. Seminario (Nr. 26)* findet sich das empfehlenswerte *Museo Nazionale Concordiese (tgl. 9–19 Uhr),* dessen wertvolle Fundstücke zeigen, wie wohlhabend das antike Concordia einmal gewesen sein muß. In *Summaga,* 2 km westlich von Portogruaro, lohnt die Pfarrkirche *S. Maria Assunta,* im 13. Jh. auf Resten eines benediktinischen Vorgängerbaus mit Fresken aus dem 11. Jh. errichtet.

Sacile (110/A 5)

Den nahezu intakten Kern dieses Städtchens (17 000 Ew.) mit venezianischem Charme, ursprünglich auf zwei Flußinseln im Livenza entstanden, charakterisieren arkadengesäumte Gassen, schöne Palazzi aus Mittelalter und Renaissance sowie üppige Vegetation längs der Wasserläufe. Nicht umsonst erhielt Sacile den Beinamen »Giardino della Serenissima«, Garten Venedigs. Seinen Reiz steigert zusätzlich das Gezwitscher beim pittoresken Vogelmarkt am Sonntag nach dem 15. August. Ein vorzügliches Restaurant ist *Il Pedrocchino (Mo geschl., P. IV Novembre 4, Tel. 043 47 00 34, Kategorie 2).*

S. Vito al Tagliamento (110/B 5)

Die betriebsame Kleinstadt in der Tagliamentoebene hat einen netten, mittelalterlich geprägten Kern; drei Stadttore und Reste ihrer Stadtmauern aus dem 12./13. Jh. sind noch auszumachen. Im *Palazzo Altan* (15. Jh.) ist ein sehenswertes Bauernmuseum untergebracht *(Museo della Vita Contadina del Friuli Occidentale, Mo–Sa 9–13 Uhr, V. Altan 47).* Am Straßenkreuz S. Vito–Spilimbergo und Pordenone–Udine liegt *Casarsa della Delizia* und 5 km nördlich *Valvasone,* die Jugendorte Pier Paolo Pasolinis (1922–1975). Ersteres ist der Geburtsort seiner Mutter, wo er seine Schulferien verbrachte, ein unscheinbares Dorf mit einer gigantischen Genossenschaftskellerei für die Weinmassen der Ebene. Im Zentrum, in der V. Pasolini, wird derzeit sein Wohnhaus restauriert (dann Museum mit Lebenszeugnissen Pasolinis). An der Mittelschule von Valvasone hatte er seine erste Anstellung als Lehrer. Ein Besuch Valvasones lohnt wegen seines beschaulichen Kerns mit einer alten *Burg* und wegen der einzigen *venezianischen Orgel* aus dem 16. Jh. in ganz Italien (im Dom).

Sesto al Reghena (110/B 6)

Auf dem Weg von Pordenone Richtung Meer, ein paar Kilometer vor Portogruaro, kommt man

Arkadengassen und venezianische Palazzi: Gartenstadt Sacile

am Dorf Sesto al Reghena vorbei, das mit einer Kostbarkeit aufwartet: Die ehemalige Abtei ★ *S. Maria in Silvis (tgl. 8–19 Uhr),* eine langobardische Gründung, bewohnten ab dem 8. Jh. Benediktiner, die sie durch Schenkungen und eigene Arbeit ausbauten. Die Basilika mit Vorhalle erhielt ihre byzantinisch-romanische Gestalt und die schönen, heute noch gut erhaltenen Fresken (etwa der Erzengel Gabriel über dem Eingang) im 11./13. Jh., die Krypta hütet den Sarkophag der S. Anastasia (7. Jh.). Zur stimmungsvollen Anlage gehören Reste einer Burg (heute ein Kindergarten), das Wohnhaus des Abtes (16. Jh., heute Rathaus) und das Pfarrhaus (17. Jh.).

Spilimbergo (110/B 4)

In der fruchtbaren Moränenebene des Tagliamento vor den Ausläufern der Voralpen gelegen, beeindruckt der Ort (11 000 Ew.), im Mittelalter Lehensbesitz der deutschen Ritter von Spengenberg, mit einer besonders stimmungsvollen Burganlage.

Ihr vorgelagert ist der nicht weniger stimmungsvolle Dom mit seiner weiten Piazza. Alles ist restauriert, eine Folge der Schäden beim Erdbeben 1976. Den gotischen *Dom* schmücken Freskenzyklen in Apsis und Krypta (14. Jh.), Steinskulpturen (15. Jh.) und eine nach antiken Plänen rekonstruierte Orgel mit von Pordenone bemalter Holzverkleidung (16. Jh.). Das *Kastell* bildet einen Gebäudekomplex aus Gotik und Renaissance, darunter fällt vor allem der schöne, über und über bemalte *Palazzo Dipinto* mit Triforienfenstern (14./16. Jh.) auf. Spilimbergo, durch dessen hübsches Zentrum am Abend die Soldaten einer nahen Kaserne spazieren, ist bekannt wegen seiner Schule für Mosaiklegekunst. Es organisiert jeden Juli ein interessantes Ethnomusikfestival und verführt zur Einkehr: Neben mehreren Weinkneipen lockt die *Osteria da Afro (Di geschl., V. Umberto I 14, Tel. 04 27 22 64, Kategorie 3)* mit schmackhafter friulanischer Küche, und in der Burganlage residiert das schöne Feinschmeckerlokal *La Torre (So-Abend u. Mo geschl., P. Castello, Tel. 042 75 05 55, Kategorie 2).* Im nahen *Maniago,* berühmt für seine Messerherstellung, bekommt man die erstklassigen Klingen zu günstigen Preisen im *Consorzio Coltellinai (P. Italia 9).*

UDINE

(**110/C 4–5**) Ein Höhepunkt einer Friaulreise ist die Aperitifstunde zwischen 18 und 21 Uhr in Udine, dem städtischen Zentrum Friauls (100 000 Ew.). Sie spielt sich auf den beiden Plätzen im Herzen der Stadt ab: auf der eher kleinen, intimen P. della Libertà, die dank ihres harmonischen Gefüges aus unterschiedlichen Elementen – Loggien, Palazzi, Stufen, Statuen und im Hintergrund das Kastell – als schönster venezianischer Platz auf dem Festland gerühmt wird. Hier lädt eines der elegantesten Jugendstil-Kaffeehäuser Italiens, das *Contarena,* ein. Über die arkadengesäumte *V. Mercato Vecchio* geht es auf die weite *P. Matteotti,* eingefaßt von kleinen, schmalen Bürgerhäusern, keines gleich hoch wie das Nachbarhaus, keines von gleicher Farbe. Von Dienstag bis Samstag tummelt sich hier der Gemüsemarkt.

Man sieht der Stadt ihren heutigen, aber auch ihren einstigen Wohlstand an. Und wo es prosperierte, blieb edle Kunst nicht fern: Außer in Venedig, seiner Heimatstadt, und an Residenzen in Würzburg und Madrid hat sich Giovanni Battista Tiepolo, der Großmeister spätbarocker Malerei in Europa, nirgends so sehr entfalten dürfen wie hier.

BESICHTIGUNGEN

Dom
Über der noch gut erkennbaren gotischen Struktur (ab 1225) liegt im Innern die barocke Umgestaltung (17./18. Jh.). Dazu gehören einige Gemälde Tiepolos (erste, zweite und vierte Seitenkapelle rechts), die Marmorarbeiten des Altars und die beiden mächtigen Grabmäler der Familie Manin. *P. Duomo*

Kastell
Zur Anlage, zu der ein schöner Arkadengang (15. Jh.) von der

P. della Libertà hinaufführt, gehören die Kirche *S. Maria di Castello* (langobardische Gründung, romanischer Umbau, Fassade und Turm venezianische Renaissance) mit wertvollem Freskenzyklus (Mitte 13. Jh.) und die 1517 auf den Resten der Patriarchenfestung errichtete *Burg*, einst Residenz des venezianischen Statthalters und Tagungsort des Ständeparlaments der »Patria del Friuli«, heute Sitz der *Civici Musei (Di–Sa 9.30–12.30 u. 15–18 Uhr, So 9.30–12.30 Uhr):* Die Galleria di Arte Antica zeigt Werke von Tiepolo, Pordenone, Caravaggio und vielen mehr, dazu Fresken Tiepolos im *Salone del Parlamento;* das *Museo Archeologico* birgt vorgeschichtliche und antike Ausgrabungsschätze; das *Gabinetto dei Disegni e delle Stampe* versammelt Stiche friulanischer, venetischer und europäischer Künstler, darunter Arbeiten von Dürer; außerdem die *Raccolte Numismatiche,* eine beachtliche Münzsammlung. In einem Nebengebäude ist eine einladende Weinstube untergebracht. Außerdem steht auf dem Burgplatz die 1931 rekonstruierte *Casa della Contadinanza* (ab 1511) der einstigen Bürger- und Bauernversammlung.

Piazza della Libertà

★ Diesen einladenden Mittelpunkt der Stadt akzentuieren die hochelegante, rosa-weiß gestreifte *Loggia del Lionello,* das einstige Rathaus in typisch venezianischer Gotik (Mitte 15. Jh.), und der vom Uhrturm beherrschte *Porticato S. Giovanni,* der den Platz mit seinem langen Renaissanceportikus auf schlanken, feinen Säulen säumt. Hinter der Loggia del Lionello beginnen die lebhaften Straßen *V. Rialto* und *V. Mercato Vecchio,* die an stattlichen Palazzi vorbei durch die Altstadt führen und zum Einkaufsbummel einladen.

Tiepolo-Fresken

Die federleichte, lichtdurchflutete Farbigkeit Giovanni Battista Tiepolos, am 5. März 1696 in Ve-

Loggien, Statuen, Palazzi: Udines charmante Piazza della Libertà

nedig geboren, wird auch den Barockmuffel nicht kaltlassen: Als junger Mann malte er die Galleria des Erzbischöflichen Palastes *(Palazzo Arcivescovile, Mi–So 10–12 u. 15.30–18.30 Uhr, P. del Patriarcato 1)* aus. Die ehemalige Gebetsschule *Oratorio della Purità* (1750) neben dem Dom schmückte er mit Deckenfresken (Himmelfahrt) und dem Altarbild.

MUSEUM

Galleria d'Arte Moderna

Arbeiten bedeutender italienischer Künstler des 20. Jhs., etwa Giorgio De Chirico, Lucio Fontana, Arturo Martini, Giorgio Morandi und Werke der friulanischen Künstler Afro, Dino und Mirko Basaldella. *Di–Sa 9.30– 12.30 u. 15–18, So 9.30–12.30 Uhr, V. Ampezzo 2*

RESTAURANTS

Eine Tradition Udines sind die ✪ *osterie,* die Weinstuben, fürs *tajet,* das Gläschen zu jeder Tageszeit, dazu Salami, Käse, Suppen etc.: z. B. das *Ai Tre Musoni (So geschl., V. Marsala 40)* oder das *Alle Volte (So geschl., V. Mercerie 6),* das im Kellergewölbe auch über ein gutes Restaurant verfügt.

All'Allegria

Unter einem Wirtshausschild die Weinstube mit Imbiß und die Trattoria mit der Feuerstelle *(fogolar),* eine Udineser Institution. *Mo geschl., V. Grazzano 18, Tel. 04 32 50 59 21, Kategorie 3*

Al Passeggio

Zum nördlichen Stadtrand hin, an einem der letzten nicht versiegelten Wasserläufe, derzeit eine der beliebtesten Adressen für abwechslungsreiche, handfeste Küche. *Sa-Mittag u. So geschl., Viale Volontari della Libertà 49, Tel. 043 24 62 16, Kategorie 3*

Da Toso

Ein Meister des Grillens, einer echten Kunst, ist der Wirt dieses Lokals ohne Wirtshausschild, nur an den vielen österreichischen Autos auf dem Parkplatz zu erkennen. *Di-Abend u. Mi geschl., 12 km nördlich von Udine in Leonacco bei Tricesimo, Tel. 04 32 85 25 15, Kategorie 2*

EINKAUFEN

Viele gute Geschäfte konzentrieren sich im Zentrum. Ein Markt findet dienstags bis samstags auf der P. Matteotti statt. Ein typisches Mitbringsel aus Udine sind Puppen aus Maisstroh.

HOTEL

Là di Moret

Sehr gut ausgestattetes Hotel (Pool, Sauna, Tennis) mit renommiertem Restaurant *(So-Abend u. Mo-Mittag geschl.)* an der Ausfallstraße Richtung Tricesimo. *60 Zi., Viale Tricesimo 276, Tel./Fax 04 32 54 50 96, Kategorie 2*

AM ABEND

Abends brummt und summt es aus den vielen ⚑ Cafés an der P. Matteotti – hier treffen sich die jungen Udineser. Am heftigsten wird das Gedränge am frühen Abend im Nebengäßchen *Paolo Sarpi* zwischen dem Fischmarkt und dem Eingang der ✪ *Osteria Al Cappello,* wo sechs nette junge

Frauen köstliche Weine ausschenken.

AUSKUNFT

P. I° Maggio 7, Tel. 04 32 29 59 72, Fax 04 32 50 47 43

ZIELE IN DER UMGEBUNG

Gemona del Friuli,
Tarcento und Venzone (110/C 3–4)
Nördlich von Udine geht es hinauf in die Berge – im Nordwesten die Karnischen Alpen, im Nordosten die Julischen. Die Autobahn und die Staatsstraße 13 folgen den Verkehrswegen, die seit jeher von den Alpen hinunter an die Adria führen und an denen im Mittelalter Kastelle und Handelsstädtchen entstanden, wie z. B. Gemona del Friuli, Tarcento und Venzone, deren schöne mittelalterliche Kerne alle dem Erdbeben von 1976 zum Opfer fielen.

Beim Wiederaufbau hat man versucht, sich an die traditionellen Baustile und Stadtbilder zu halten, vor allem wertvolle historische Bauten getreu wieder aufzurichten: in *Gemona* den wunderschönen ★ *Dom* (14. Jh.) und das *Renaissancerathaus,* in *Tarcento* den *Palazzo Comunale* (18. Jh.) oder die Pfarrkirche *S. Pietro* (12./17. Jh.), in *Venzone* die alten Stadtmauern, den gotischen *Dom,* den *Palazzo Comunale* (14./15. Jh.). Ihre milde Patina haben die Orte natürlich verloren.

Zwei einladende Gasthäuser: in *Tarcento* die *Osteria sul Ronc (Do geschl., V. dei Fagnà 39, Tel. 04 32 78 58 76, Kategorie 3),* in *Venzone* das *Caffè Vecchio (Di geschl., V. Mistruzzi 2, Tel. 04 32 98 50 11, Kategorie 3).*

S. Daniele del Friuli (110/B 4)
Beim Namen dieses Ortes fahren die Feinschmecker ihre Sinnesantennen aus: Aus diesem hübschen Städtchen (8000 Ew.) kommt der Schinken, den viele noch besser finden als den leicht süßlichen aus Parma. Schinken pur und ein Glas Wein dazu bekommen Sie in der *Osteria al Bintars (Mi-Abend u. Do geschl., V. Trento e Trieste 63, Tel. 04 32 95 73 22, Kategorie 3).* In derselben Straße in Nr. 115 kann man den Schinken kaufen im *Prosciuttificio Prolongo.* Außerdem hütet S. Daniele eine kunsthistorische Kostbarkeit: im spätgotischen Kirchlein *S. Antonio Abate (V. Garibaldi)* die Fresken von Pellegrino da S. Daniele (1498–1522). Ein weiterer Einkehrtip, in *Rodeano Basso* auf dem Weg von Udine nach S. Daniele, ist die *Antica Bettola da Marisa (Sa-Mittag u. Do geschl., V. Coseano 1, Tel. 04 32 80 70 60, Kategorie 3);* im Winter gibt es gute friulanische Küche, im Sommer wird draußen gegrillt.

Tarvis und
Julische Alpen (111/D–E 2–3)
Tarvis (6000 Ew.) in der nordöstlichsten Ecke Italiens ist Grenzort und Marktplatz im Dreiländereck und größtes Zentrum in den Julischen Alpen, beliebt bei Bergfreunden zum Wandern und Klettern, etwa im Naturschutzgebiet der Seen *Laghi di Fusine.* Beim *Canin-Massiv* (2585 m) im Süden kann man ganzjährig Ski fahren. Einen herrlichen Blick auf die Kalkstöcke der Julier bis hin nach Kärnten hat man vom Wallfahrtsort auf dem ❀ *Monte Lussari* (1789 m), auf den man von *Valbruna* mit einer Kabinenbahn

hinaufgelangt. Ihren Namen haben die Berge von Julius Cäsar, der nach seinem Feldzug gegen die Gallier hier 56 v. Chr. gen Süden zurückzog. Auskunft: *V. Roma 10, Tel. 04 28 21 35, Fax 04 28 29 72*

Tolmezzo und Karnische Alpen (110/A–B 1–3)

Das städtische Zentrum Karniens (11 000 Ew.) ist Sitz eines sehenswerten Museums für Volkskultur, des *Museo Carnico delle Arti e delle Tradizioni Popolari (Di–So 9–13 u. 15–18 Uhr, P. Garibaldi 2)* und Ausgangspunkt für die Erkundung der sieben Täler, die die Karnischen Alpen strukturieren. Im Nordwesten des Friaul gelegen, erheben sie sich über der Ebene von Pordenone bis hinauf an die österreichische Grenze. Einst eine Bergwelt armer Emigranten, entwickelt sich Karnien mit seinen Almen, Wäldern und Kletterwänden, seiner guten Küche, aber auch dank gastfreundlicher Menschen zunehmend zu einem beliebten Reiseziel. *Zuglio* war einst das römische Zentrum Karniens, in *Arta Terme* gibt es Thermalanlagen, zum Skifahren empfehlen sich der *Monte Zoncolan* bei Ravascletto und das *Varmost-Gebiet* bei Forni di Sopra. Von Forni Avoltri geht es auf den höchsten Berg des Friaul, den *Monte Coglians* (2780 m). *Sauris* bei Ampezzo im oberen Tagliamentotal, einst eine deutsche Sprachinsel, gilt wegen seiner gut erhaltenen Bergbauernarchitektur, seines gerühmten Schinkens und einer jungen Webwerkstatt mit wunderschönen traditionellen Stoffen (*Tessitura Artigiana di Sauris, V. Clendis, Sauris di Sotto, Tel.*

043 38 62 08) als attraktivster Ort. Das Apartmenthotel *Borgo di S. Lorenzo (Tel./Fax 043 38 62 21, Kategorie 2–3)* in *Sauris di Sopra,* das sich dem sanften Tourismus verschrieben hat, besteht aus einer Ansammlung alter Bauernhäuser. Auskunft in den Fremdenverkehrsämtern, z. B. in *Arta Terme, V. Umberto I 15, Tel. 04 33 92 92 90, Fax 043 39 21 04.*

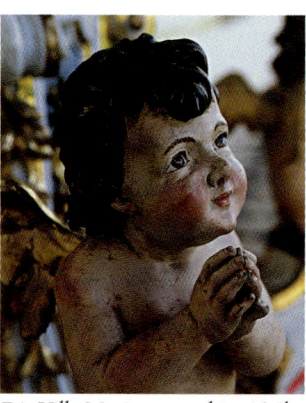

Die Villa Manin entstand im 16. Jh. als verspielter Landsitz eines Dogen

Villa Manin (110/B 5)

★ Diese prachtvolle Villenanlage im Dörfchen *Passariano* bei Codroipo nutzte der letzte Doge Venedigs, Ludovico Manin, als Landhaus. Sie entstand im 16. Jh., ihre jetzige Gestalt gaben ihr die Umbauten durch die Dogenfamilie. Heute ist die Villa Sitz interessanter *Ausstellungen (Di–So 9–12.30 u. 15–18 Uhr).* Die meisten der beim Erdbeben 1976 beschädigten Kunstwerke im Friaul wurden hier restauriert. Ihr manieristischer *Rokokopark* lädt ebenso ein wie das gute Restaurant im westlichen Seitenflügel: *Ristorante del Doge, Mo geschl., Tel. 04 32 90 48 29, Kategorie 2*

Jetzt geht's bergauf

Die hier beschriebenen Routen sind in der Übersichtskarte im vorderen Umschlag und im Reiseatlas ab Seite 108 grün markiert

① IN DEN LESSINISCHEN BERGEN

 Eine Zweitagestour (mit Abstechern rund 150 km) mit dem Auto, die in den Rebhängen des Soave nordöstlich von Verona beginnt und in die dichtbewaldeten Berge und Täler der Monti Lessini hinaufführt. Vorbei an den Fossilienspuren einer versteinerten tropischen Lagune fahren Sie durch die Dörfer der altbayerischen Zimbern und auf die Hochalmen unter grauen Kalkstöcken. Durchs Weinanbaugebiet Valpolicella geht es dann talwärts wieder nach Verona.

Die Lessinischen Berge werden im Westen vom Etschtal begrenzt und im Osten vom Tal, das oberhalb des Soavedorfs Monteforte d'Alpone hinaufführt nach Vestenanova und Bolca. Im Norden grenzen die 1990 unter Naturschutz gestellten Hochalmen (ca. 1200–1800 m) an die Carega-Gruppe, auch die Kleinen Dolomiten genannt, im Süden fallen sie talwärts zu den Weinanbaugebieten des Soave und des Valpolicella ab. Eine steile, gewundene Berglandschaft, in die mehrere Täler hineinführen. Ab dem Frühjahr bedecken sattgrüne Laubwälder das graue, kalkhaltige Sedimentgestein, den roten Ammonit und den vulkanischen Basalt. Das Kalkgestein hat an manchen Stellen spektakuläre Karsterscheinungen wie tiefe Höhlen, Tunnel und Felsbrücken geformt, und vor rund 400 Jahren hat ein Erdbeben einmalige Fossilienschätze ans Tageslicht geholt: eine Vielzahl Schuppe für Schuppe zu Stein erstarrter Südseefische, Palmen und Krokodile. Erst dachte man an die Sintflut, bis sich die wissenschaftliche Gewißheit durchsetzte, daß es sich um eine versteinerte Tropenlagune handelt, die es hier vor 50 Millionen Jahren gegeben hat. Der Fundort Bolca, dessen Fossilien man in den naturwissenschaftlichen Sammlungen der ganzen Welt findet, ist dann auch das erste Ziel in den Lessinischen Bergen.

Beginnen Sie die Tour im malerischen *Soave,* einem dieser für das venetische Mittelalter typischen, von zinnengekränzten Mauern eingefaßten Städtchen mit stattlicher Burg. Vorbei an Rebzeilen und Kirschplantagen fahren Sie weiter nach *Monteforte d'Alpone,* in dessen Bischofspalast (15. Jh.) mit schönem Kreuzgang sich die *Enoteca (Mo geschl.)* befindet, in der Sie essen, vor allem aber die Weine der Umgebung kosten können: den weißen, frischen Soave, den Valpolicella, den kostbaren, dunklen Amarone.

Von hier führt die Straße durch das Alponetal über Vestenanova hinauf nach *Bolca* mit seinem kürzlich eröffneten *Fossilienmuseum (März–Okt. tgl. 9–13 u. 14–18.30, Nov.–Feb. 10–12 u. 14–17.30 Uhr)*. Der Star unter den Ausstellungsstücken ist der geflügelte Engelsfisch. In der *Baita Cerato (Mo geschl., Tel. 04 56 56 50 61, Kategorie 3)* gleich nebenan schmeckt das Wildgulasch zu Polenta besonders gut.

Die Fahrt führt weiter Richtung S. Bortolo delle Montagne; auf den Wiesen am Hang weiden braune und schwarze Kühe, längs der Straßen stoßen Sie auf ein paar Steinstelen, archaisch anmutende bäuerliche Skulpturen, religiöse Wegzeichen aus dem 17. Jh. Der malerisch von Felsen eingefaßte Ort *Giazza* ist das nächste Ziel. Mit dem interessanten *Museo dei Cimbri (Di–So 9–12 u. 15–18 Uhr, Okt.–April nur Sa/So)* ist er Zentrum der 13 sogenannten zimbrischen Gemeinden hier in den Bergen. Die Zimbern waren ein altbayerischer Volksstamm, der im 13. Jh. vom Bischof von Verona hierhergerufen wurde, um die Berge zu besiedeln, ähnlich den Sette Comuni auf der Hochebene von Asiago. Das althochdeutsche Tautsch wurde hier dank der Isolation, in der die Menschen lebten, noch bis vor ein, zwei Generationen gesprochen. Ein paar sehr alte Bewohner spre-

chen es auch heute noch, und im Museum werden neuerdings Sprachkurse angeboten. Zum Fest der Zimbern, das jedes Jahr Anfang Juli in einer der »tautschen« Gemeinden stattfindet, knallen die Klangkanonen *trombini* durch die Berge.

Von Giazza suchen Sie sich den Weg über schöne Bergsträßchen nach Velo Veronese und *Camposilvano* mit *Fossilienmuseum*. Hier finden Sie zwei interessante Erosionserscheinungen, den *Covolo di Camposilvano*, einen grubenartigen Karstabgrund, und die *Valle delle Sfingi*, auf Wiesen verstreute, pilzförmige Poller aus rotem Ammonit. Ein weiteres Karstphänomen ist die *Tropfsteinhöhle Monte Capriolo (Mitte Juni–Mitte Sept. am Wochenende zu besichtigen)* bei Rovere Veronese.

Bosco Chiesanuova, das Ziel des ersten Tages, ist das größte Zentrum in den Lessinischen Bergen und auf Sommer- wie Wintertourismus (Pisten und vor allem Loipen) eingerichtet, mit Hotels (einladend das *Hotel Cimbro, 36 Zi., P. Marconi 18, Tel. 04 57 05 07 33, Fax 04 57 05 04 20, Kategorie 2–3)*, Restaurants, Geschäften und einer netten Piazza (Auskunft: *P. Chiesa 34, Tel. 04 57 05 00 88)*.

Am nächsten Tag führt die Route weiter nach *Erbezzo,* wo sich die Tradition der Dächer aus Steinplatten auch bei Neubauten erhalten hat. Andernorts geben sich die modernen Bauten auch immer landschaftsangepaßt. Wanderfreunde können nördlich all dieser Bergortschaften ausgedehnte Touren auf die Hochalmen und die Carega-Dolomiten beginnen (markierte

Wege und Berghütten sind vorhanden).

Von Erbezzo geht es weiter Richtung *S. Anna d'Alfaedo* (mit der romanischen *Pieve S. Giovanni* im Ortsteil *Loffa*), um unterhalb der Ortschaft eine gigantische natürliche Steinbrücke (als »Ponte di Veia« ausgeschildert) über einen Bergbach zu bestaunen. Rings um S. Anna gibt es zahlreiche Steinbrüche, aus denen Fossilienfunde wie ein sechs Meter langer Hai und eine Meeresschildkröte stammen, zu sehen im *Ortsmuseum (Di–So 9.30–12.30 u. 15.30–18.30 Uhr)*.

Nächste Station ist der Naturpark der *Wasserfälle von Molina*. Talwärts gelangen Sie dann durch die Weinhügel des Valpolicella-Gebietes. Zwischen Cavalo und Fumane (ein Zentrum der rosa Marmorbrüche) stoßen Sie auf den eindrucksvollen Villenkomplex *Villa della Torre Cazzola* aus dem 16. Jh. *(April–Sept. Sa 15–19 Uhr)*; im malerischen mittelalterlichen Borgo *S. Giorgio* sollten Sie unbedingt die romanische *Pieve* (7.–12. Jh.) mit Fresken und stimmungsvollem Kreuzgang besuchen. Zum kulinarischen Ausklang empfiehlt sich hier die *Trattoria Dalla Rosa Alda (So-Abend u. Mo geschl., Strada Garibaldi 4, Tel. 04 57 70 10 18, Kategorie 3)* mit einer ausgezeichneten Weinkarte oder in *Marano di Valpolicella* die *Antica Trattoria da Bepi (Di geschl., V. Valpolicella, Tel. 04 57 75 50 01, Kategorie 3)*, wo man Lamm in Amaronewein und würzigen Bergkäse bekommt.

Winzerzentrum der Valpolicella ist *Negrar* in Panoramalage über den Weinhängen, wo sich ein paar besonders schöne Villen befinden. Ein Höhepunkt ist der *Park der Villa Rizzardi* mit seinem spektakulären Heckentheater, in dem im Sommer Schauspiele stattfinden (nur dann Zutritt). Auf dem Rückweg bietet sich ein Schlenker über *Pedemonte* an, wo die von Andrea Palladio erbaute *Villa Serego Boccoli* steht.

② DURCH DIE DOLOMITEN

 Die hier vorgeschlagene Autotour von ca. 160 km (ohne Abstecher) führt durch die Dolomiten des Veneto an spektakuläre Kalkmassive heran und berührt renommierte Bergorte wie Alleghe, Cortina d'Ampezzo, Pieve di Cadore. Die Tour ist ohne weiteres an einem Tag zu schaffen; da unterwegs jedoch immer wieder Abzweige und Seitentäler zum Wandern und Spazierengehen einladen, ist sie mit zwei oder drei Tagen wesentlich genußreicher zu absolvieren.

Die Route beginnt bei *Belluno (S. 57)* auf der SS 203 ins Tal Valle del Cordevole, auch Canale di Agordo genannt, und führt hinein in den Nationalpark der Belluneser Dolomiten, eine stille, majestätische Bergwelt aus dunklen Wäldern und Kalkgipfeln und weitgehend unberührt. In einer breiten Mulde liegt *Agordo (S. 59)*, umgeben von den Dolomitstöcken Agner, S. Lucano und S. Sebastiano und mit dem Unternehmen Luxottica die Hochburg der europäischen Brillenproduktion (im ehemaligen Pferdestall der venetischen Villa Crotta de' Manzoni eine *Brillensammlung*).

Halten Sie sich weiter auf der SS 203 Richtung Norden bis nach *Alleghe*, einem der traditionellen Bergferienorte in den Dolomiten. Er liegt herrlich auf einer kleinen Halbinsel am gleichnamigen See vor der Kulisse von Tannenwäldern und dem mächtigen Civettamassiv (3218 m). Eine Empfehlung zur Einkehr am See ist *N'Zunaia (Mi geschl., V. Lungolago 12/a, Tel. 04 37 52 35 39, Kategorie 2–3)*.

Die Route windet sich auf der SS 638 hinauf nach Colle S. Lucia und Selva di Cadore, schließlich weiter über den *Passo di Giau* (2233 m) mit phantastischen Blicken auf die Gipfelgruppen Nuvolau und Croda da Lago bis zur Marmolada und den Tofane. Nach steiler Abfahrt erreichen Sie bei Pocol die Große Dolomitenstraße, die berühmte Panoramastrecke, die aus dem Südtiroler Grödnertal kommend nach *Cortina d'Ampezzo (S. 59)* führt, dem vielleicht charmantesten und wohl am schönsten gelegenen Bergort in den Dolomiten.

Einen optischen Höhepunkt bildet die Weiterfahrt über den *Passo Tre Croci* vorbei am *Massiv Cristallo* (3221 m) mit Abstecher zum vielgerühmten *Lago di Misurina*. Zurück auf der SS 48 führt die Route durch die Ferienortschaften des Cadore, in dessen Zentrum sich die Kalkstöcke Gruppo delle Marmarole erheben. Der Weg zurück nach Süden über Auronzo di Cadore durch das Piavetal nach *Longarone* und Belluno führt über den besuchenswerten Hauptort des Cadore, *Pieve di Cadore (S. 59)*.

③ DIE VALCELLINA IN FRIAUL

Von der friulanischen Ebene nördlich von Pordenone den Bergbach Cellina hinauf über die zerrissenen Kalkgipfel der voralpinen Prealpi Clautane ins venetische Piavetal bei Longarone. Eher ein Ausflugstip als eine richtige Route, läßt sich die Strecke (knapp 50 km) ohne weiteres als Tagestour planen. Sie kann aber auch gut mit Route 2 durch die Dolomiten verbunden werden.

Das Tal (benutzen Sie die alte Straße!) beginnt bei *Montereale* auf den ersten rund 10 km zwischen steilem Kalkgestein. Nachdem die Brücke des Elektrizitätswerks den Cellinabach überquert hat, tut sich eine Klamm *(Gola della Cellina)* mit spektakulären Strudellöchern auf, die der prasselnde Zusammenfluß dreier Sturzbäche in die Felsen gegraben hat. Mit tollem Blick und guten Weinen lockt hier die *Trattoria Ponte Molassa (Mo geschl., Tel. 042 77 61 47, Kategorie 3)* schon zu einer ersten Pause. Die rechte Abzweigung führt zur Bergsiedlung Andreis (und weiter bis hinauf in die Karnischen Alpen), gen Westen gelangen Sie zum wunderschön gelegenen *Stausee Barcis,* längst von Wassersportlern erschlossen.

Nach der Ortschaft Barcis verengt sich das Tal wieder, ist aber längst nicht mehr so tief eingeschnitten wie zu Anfang und viel grüner. An der Gabelung geht es rechts nach *Claut,* mehreren Siedlungen in grüner Mulde gelegen. Unsere Route führt geradeaus weiter nach *Cimolais* beim Paß S. Osvaldo (827 m). Beide Orte dienen als Basis für Touren auf die hier besonders eindrucksvollen Prealpi Clautane (ideal auch für Freeclimber). Nach dem Paß gelangt man nach *Erto* und, etwas abseits, nach *Casso* über dem einstigen Stausee Vaiont, der nunmehr mit der Felslawine des Monte Toc gefüllt ist, und weiter nach Longarone und Belluno.

Von Auskunft bis Zoll

Hier finden Sie kurzgefaßt die wichtigsten Adressen und Informationen für Ihre Reise nach Venetien und Friaul

AUSKUNFT

Staatliches Italienisches Fremdenverkehrsamt Enit

– Karl-Liebknecht-Str. 34, 10178 Berlin, Tel. 030/247 83 97, Fax 247 83 99
– Kaiserstr. 65, 60329 Frankfurt, Tel. 069/23 74 34, Fax 23 28 94
– Goethestr. 20, 80336 München, Tel. 089/53 13 17, Fax 53 45 27
– Kärntnerring 4, 1010 Wien, Tel. 01/50 54 37 40, Fax 505 02 48
– Uraniastr. 32, 8001 Zürich, Tel. 01/211 36 33, Fax 211 38 85

AUTO

Vorgeschrieben sind Führerschein und Fahrzeugschein, empfohlen werden die grüne Versicherungskarte und eventuell ein Auslandsschutzbrief. Die Höchstgeschwindigkeit in Ortschaften beträgt 50 km/h, außerorts 90 km/h, auf Schnellstraßen *(superstrada)* 110 km/h, auf Autobahnen 130 km/h. Trampen auf Autobahnen ist verboten. Die italienischen Autobahnen sind gebührenpflichtig. Um Warteschlangen an den Mautstellen zu umgehen, kann man beim ADAC, an der Grenze und an manchen Raststätten eine Via-card zu 50 000, 100 000 oder 150 000 Lit erstehen und damit bargeldlos passieren. Die Viacard ist zeitlich unbegrenzt gültig. Auch die Schweiz und Österreich verlangen für ihre Autobahnen Gebühren. Die Benzinpreise sind im europäischen Vergleich relativ hoch, ein Vergleich der Benzinpreise kann lohnen. Für den, der sich nahe der Grenze zu Slowenien aufhält, kommt auch ein Abstecher zum Volltanken in Betracht. Die italienischen Tankstellen sind Mo–Sa meistens von 7.30 bis 12.30 und von 15 bis 19 Uhr geöffnet, So nur vereinzelt an großen Ausfallstraßen, auf den Autobahnen durchgehend. Es gibt aber auch Tankstellen mit Automaten (10 000- und 50 000-Lire-Scheine).

Viele Straßen in den historischen Innenstädten sind mittlerweile für den Verkehr gesperrt. Zum Parken sollte man den Parkplatzschildern folgen. Auch werden zunehmend Parkplatzgebühren erhoben, an Automaten zieht man einen Parkschein.

BANKEN

Die Banken sind in größeren Ortschaften meist Mo–Fr von

8.20 oder 9 bis 13.20 oder 13.30 und von 14.45 bis 15.45 Uhr geöffnet, in den kleineren Ortschaften normalerweise nur am Vormittag. In den großen Touristenzentren wie Venedig und Verona gibt es ganztägig geöffnete Wechselstuben, meistens am Bahnhof. Eurocheques können zur Zeit bis zu einer Summe von 300 000 Lire pro Scheck eingelöst werden. Die gleiche Summe bekommt man mit ec-Karte auch aus Bancomaten. Ebenso kann man mit verschiedenen Kreditkarten Geld am Automaten ziehen. Kreditkarten werden außerdem in den meisten Restaurants, Hotels und von Touristen besuchten Geschäften angenommen, ebenso an Tankstellen. Bei Autovermietungen geht kaum noch etwas ohne Kreditkarte.

DIPLOMATISCHE VERTRETUNGEN

Deutsches Konsulat
Triest, V. Beccaria 8, Tel. 040 36 43 96
Venedig, Campo S. Sofia 4201, Tel. 04 15 23 76 75

Österreichisches Konsulat
Triest, V. Fabio Filzi 1, Tel. 040 63 16 88
Venedig, Fondamenta Condulmer 251, Tel. 04 15 24 05 56

Schweizer Konsulat
Triest, V. Battisti 18, Tel. 760 04 00
Venedig, Campo S. Agnese 810, Tel. 04 15 22 59 96

EINREISE

Personalausweis genügt; für Kinder bis zu 16 Jahren wird die Eintragung im Paß der Eltern oder ein Kinderausweis benötigt. An den Grenzen zwischen Österreich, Deutschland und Italien herrscht dank dem Schengener Abkommen freie Fahrt.

GESUNDHEIT

Deutsche Krankenkassen geben ein Formblatt aus, gegen dessen Vorlage Sie in Italien kostenlos behandelt werden. Anderenfalls müssen Sie Ihre Auslagen der heimischen Kasse zur – meist problemlosen – Erstattung vorlegen. Apotheken *(farmacie)* sind normalerweise Mo–Fr 9–13 und 16–19.30 geöffnet. In den Tageszeitungen findet man die Adressen der Notärzte und Nachtapotheken.

MIETWAGEN

Die großen Mietwagenfirmen haben Vertretungen in allen größeren Städten, meist in Bahnhofs- und Flughafennähe, sowie in einigen Touristenzentren. Preisbeispiel: Ein Fiat Punto kostet um 180 000 Lit pro Tag bzw. um 520 000 Lit pro Woche, meist mit einem Kilometerlimit.

NOTRUF

Notruf *(pronto soccorso)* von jedem öffentlichen Fernsprecher:
Carabinieri 112
Feuerwehr *(Vigili del fuoco)* 115
Notarzt, Polizei, Rettungswagen 113
Pannenhilfe ACI *(Automobile Club d'Italia)* 116

ÖFFENTLICHE VERKEHRSMITTEL

Bahnfahren in Italien ist im europäischen Vergleich immer noch relativ preiswert. Auf den Hauptstrecken werden allerdings in letzter Zeit die meisten Züge gegen den neuen, teuren Eurostar ausgetauscht, den man nur mit Platzreservierung und Zuschlag besteigen darf. Auf vielen Lokalstrecken kann man sein Fahrrad mitnehmen. Vor dem Besteigen des Zuges muß man seine Fahrkarte und, wenn getrennt, auch den Zuschlag in den gelben Automaten entwerten, die in der Bahnhofshalle, nicht aber auf den Bahnsteigen selbst stehen.

Kleinstädte und Dörfer sind flächendeckend mit *Überlandbussen* zu erreichen. Auskunft in den Informationsbüros oder am Bahnhof. Auch die Städte haben dichte Busnetze.

In der Lagune Venedigs verkehren *Fährboote* zwischen den bewohnten Inseln sowie zwischen Chioggia, Pellestrina und dem Lido.

ÖFFNUNGSZEITEN

Lebensmittelgeschäfte sind werktags meist von 8.30 bis 13 und von 17 bis 19.30 geöffnet, alle anderen Läden, Supermärkte und Warenhäuser öffnen von 8.30 oder 9 bis 12.30 und von 15.30 bis 19.30 Uhr. An einem Nachmittag in der Woche sind alle Geschäfte geschlossen. In touristischen Orten bleiben die Geschäfte und Boutiquen oft bis spät in den Abend offen. Kirchen sind meist tgl. 8–18 Uhr geöffnet, aber über Mittag häufig geschlossen.

POST

Die Postämter *(ufficio postale)* haben normalerweise Mo–Fr von 8.15 oder 8.45 bis 13.20 oder 13.30 (einige Hauptpostämter ganztägig), Sa meist bis 11.45 Uhr geöffnet. Briefmarken bekommt man auch in den *tabacchi,* den Tabakläden. Briefe und Postkarten in EU-Länder müssen mit 800, in die Schweiz mit 900 Lit frankiert werden.

SPORT

Angeln ist im Meer ohne Genehmigung möglich, in Binnengewässern erfragt man eine Erlaubnis im Fremdenverkehrsamt oder im Rathaus.

In den Dolomiten gibt es von Jahr zu Jahr mehr markierte *Wanderwege,* zudem jede Art von *Alpinklettern* und *Freeclimbing-Wände.* Beliebte Klettertouren sind auch die mit Haken versehenen Aufstiege, die noch aus dem Ersten Weltkrieg stammen, die sogenannten *vie ferrate.*

In den Enit-Büros bekommt man einen deutschsprachigen Führer, in dem alle *Golfplätze* aufgeführt sind.

Der *Reitsport* boomt in Italien, Reitställe und Pferdevermietungen finden sich fast überall. *Ante (Associazione Nazionale Turismo Equestre), V. Alfonso Borelli 5, 00161 Rom, Tel. 064 44 11 79,* verschickt Listen empfehlenswerter Reiterhöfe.

In den meisten touristischen Küstenorten kann man *Segel-* und *Motorboote* sowie *Surfbretter* mieten, auch auf den großen Seen wird gesegelt und gesurft (Surferparadies Gardasee). Zum *Tauchen* empfiehlt sich die Klippenküste von Triest.

Im gesamten Alpenbereich von den Dolomiten bis zu den Karnischen und Julischen Alpen kann man *Ski* fahren, ebenso auf den Höhen der Voralpen, der Lessinischen Berge, auf der Hochebene von Asiago, in den Kleinen Dolomiten. Hier gibt es auch schöne *Loipen*.

Die gut ausgerüsteten Wintersportorte im Cadore und in Karnien bieten *Bobbahnen, Eisklettern, Schlittschuhlaufen* und vieles mehr an. In Cortina kommen *Winterpolo* und *Schlittenhunderennen* dazu.

TELEFON

In Telefonzellen benutzt man Münzen (immer weniger Apparate) und vor allem Telefonkarten (zu 5000, 10 000 und 15 000 Lit), die man in Tabakläden und auf Postämtern kauft. Auch in den meisten Bars und Restaurants befindet sich ein öffentliches Telefon, das manchmal anhand eines Einheitenzählers *(scatti)* abgerechnet wird. Aus Italien wählt man 0049 nach Deutschland, 0043 nach Österreich und 0041 in die Schweiz, hinzu kommen die Vorwahl ohne 0 und die Teilnehmernummer. Die Vorwahlnummer für Italien ist 0039. Seit 1998 sind die Vorwahl und die Teilnehmernummer zu einer Telefonnummer verschmolzen: Egal ob es sich um ein Fern- oder ein Ortsgespräch handelt, muß die ehemalige Vorwahl immer mitgewählt werden; entsprechend wird auch bei Anrufen aus dem Ausland die 0 stets mitgewählt.

TRINKGELD

Man sollte nicht zu knauserig sein, Trinkgeld (fünf bis zehn Prozent) bekommen nette Kellner, Zimmermädchen, Taxifahrer und Kofferträger.

UNTERKUNFT

Agriturismo

Immer mehr Bauernhöfe bieten Zimmer, Ferienwohnungen und Stellplätze für Camper und Zelte an, die Spanne reicht von preiswert bis luxuriös. Informationen in den Fremdenverkehrsämtern. Den jedes Jahr aktualisierten Katalog »Guida della Ospitalità Rurale« mit den *aziende agrituristiche* in Italien verschickt gegen Gebühr (40 000 Lit) *Agriturist, Corso Vittorio Emanuele 101, 00186 Rom, Tel. 066 85 21.*

Camping

Wildes Camping ist in Italien verboten und gefährlich. Doch überall in den Küstengebieten und bei touristisch interessanten Städten finden sich offizielle Campingplätze. Ein stets aktualisiertes Verzeichnis von Campingplätzen und Feriendörfern bringt der Italienische Touring-Club TCI heraus: »Campeggi e Villaggi Turistici in Italia«, im Buchhandel oder direkt zu bestellen beim *Touring Club Italiano (V. Adamello 10, 20139 Milano).* Die italienische Vereinigung der Camper ist *Federcampeggio (50041 Calenzano, V. Vittorio Emanuele 11, Casella Postale 23).*

Hotels

Hotelverzeichnisse erhalten Sie über die Fremdenverkehrsämter. Die Spanne ist breit gefächert: vom Privatzimmer über die kleine Familienpension bis zu Luxusherbergen in Villen. Die an der Innenseite der Zimmertür angegebenen Preise sind verbindlich; bei der Buchung sollte man sich genaue Preisangaben machen lassen. Bei Beschwerden wende man sich an die Fremdenverkehrsämter.

Jugendherbergen

In diesem Führer sind bei den großen Städten die jeweiligen Jugendherbergen angegeben. Weitere Adressen über die *AIG (Associazione Italiana Alberghi per la Gioventù, V. Cavour 44, 00100 Rom, Tel. 06 48 71 15 2).*

In den Tageszeitungen findet man, vor allem am Wochenende, Veranstaltungskalender, die es in den großen Städten zudem extra an den Kiosken zu kaufen gibt.

Die Touristenzentren wie Gardasee, Verona, Venedig und die Badeorte längs der Küste sind mit ausländischer Presse versorgt, vereinzelt mit einem Tag Verspätung.

Innerhalb der EU darf der Tourist alle Waren für den persönlichen Verbrauch frei ein- und ausführen; Richtwerte sind z. B. 800 Zigaretten, 10 l Spirituosen, 90 l Wein. Für Schweizer sowie bei Duty-free-Einkauf gelten wesentlich geringere Freimengen, u. a. 200 Zigaretten, 1 l Spirituosen und 2 l Wein.

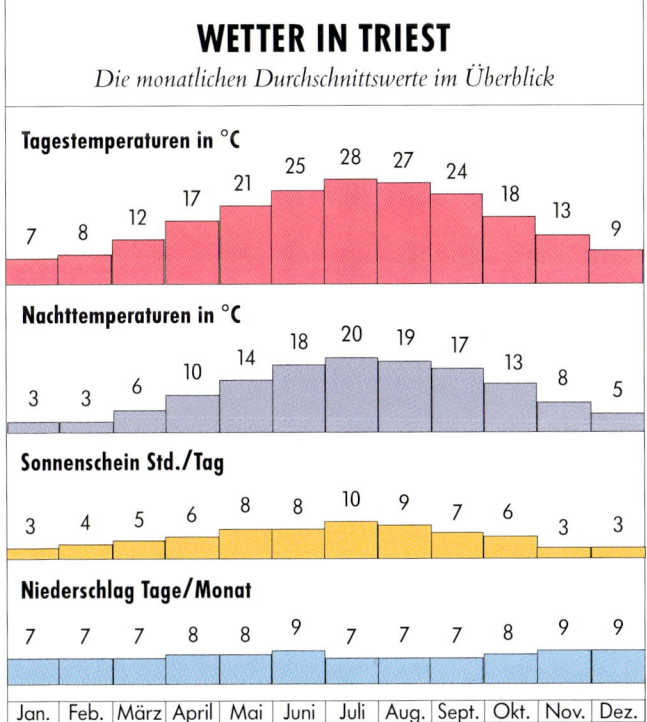

WETTER IN TRIEST
Die monatlichen Durchschnittswerte im Überblick

Tagestemperaturen in °C

Jan.	Feb.	März	April	Mai	Juni	Juli	Aug.	Sept.	Okt.	Nov.	Dez.
7	8	12	17	21	25	28	27	24	18	13	9

Nachttemperaturen in °C

Jan.	Feb.	März	April	Mai	Juni	Juli	Aug.	Sept.	Okt.	Nov.	Dez.
3	3	6	10	14	18	20	19	17	13	8	5

Sonnenschein Std./Tag

Jan.	Feb.	März	April	Mai	Juni	Juli	Aug.	Sept.	Okt.	Nov.	Dez.
3	4	5	6	8	8	10	9	7	6	3	3

Niederschlag Tage/Monat

Jan.	Feb.	März	April	Mai	Juni	Juli	Aug.	Sept.	Okt.	Nov.	Dez.
7	7	7	8	8	9	7	7	7	8	9	9

Bloß nicht!

Worauf man achten sollte, um sich die Ferien
nicht zu vermiesen

Allzu sorglos sein

Zwar gibt es im Nordosten Italiens keinen Großstadtdschungel und keine besondere Armut, wohl aber kennt der Raum Verona ziemliche Probleme mit Drogen, was immer auch Klau und Autoknackerei nach sich ziehen kann. Besondere Vorsicht ist am Bahnhof, in öffentlichen Verkehrsmitteln und im Gedränge geboten. Beim Stadtbummel trägt man Handtasche und Fotoapparat auf der zur Häuserwand gerichteten Seite, nie zur Straßenseite. Das geparkte Auto sollte leer sein; wenn es nicht anders geht, sämtliches Gepäck im abgeschlossenen Kofferraum verstauen und, wenn möglich, das Radio herausnehmen. In den großen Wintersportorten kann es immer mal passieren, daß vor Lokalen abgestellte Skier und Snowboards abhanden kommen.

Kassenbon wegwerfen

Die italienische Finanzpolizei ist wachsam wie ein Luchs, um der Steuerhinterziehung entgegenzuwirken. Bei fehlendem Kassenbon wird der Kunde genauso verantwortlich gemacht wie der Verkäufer. Daher muß man sich beim Kauf von Lebensmitteln (auch im Tante-Emma-Laden), für den Cappuccino in der Bar und in der Trattoria immer den Bon *(ricevuta fiscale)* geben lassen. Nach 100 Metern darf man ihn dann wegwerfen.

Kirchenruhe stören

Man sollte bei Messen und Andachten nicht stören und mit der Kirchenbesichtigung lieber deren Ende abwarten. Auch die Kleidung sollte Respekt zeigen, also bedeckte Schultern und keine Shorts.

Rücksichtslos gegenüber Einheimischen

Man sollte sich immer darüber im klaren sein, daß die Bewohner in den Städten ihrem Arbeitsalltag nachgehen, sich also nicht über Gedrängel in öffentlichen Verkehrsmitteln ärgern, ruhig auch mal anderen den Vortritt lassen und notfalls das nächste Schiff oder den nächsten Bus nehmen, wenn man nicht gerade zum Zug eilt.

Preise nicht erfragen

In den Hochburgen des Tourismus (vor allem in Venedig) tut man gut daran, bei manchen Dingen vorher nach dem Preis zu fragen, z. B. vor Antritt einer Taxifahrt, bei der Bestellung eines Hotelzimmers, vor Inanspruchnahme einer Autowerkstatt oder wenn man Fisch bestellt, der pro 100 Gramm *(etto)*, also nach Gewicht berechnet wird.

Sprechen und Verstehen ganz einfach

Zur Erleichterung der Aussprache:

c, cc	vor »e, i« wie deutsches »tsch« in deutsch, Bsp.: dieci, sonst wie »k«
ch, cch	wie deutsches »k«, Bsp.: pacchi, che
ci, ce	wie deutsches »tsch«, Bsp.: ciao, cioccolata
g, gg	vor »e, i« wie deutsches »dsch« in Dschungel, Bsp.: gente
gl	ungefähr wie in »Familie«, Bsp.: figlio
gn	wie in »Kognak«, Bsp.: bagno
sc	vor »e, i« wie deutsches »sch«, Bsp.: uscita
sch	wie in »Skala«, Bsp.: Ischia
sci	vor »a, o, u« wie deutsches »sch«, Bsp.: lasciare
z	immer stimmhaft wie »ds«

Ein Akzent steht im Italienischen nur, wenn die letzte Silbe betont wird. In den übrigen Fällen haben wir die Betonung durch einen Punkt unter dem betonten Vokal angegeben.

AUF EINEN BLICK

Ja./Nein.	Sì./No.
Vielleicht.	Forse.
Bitte./Danke.	Per favore./Grazie.
Vielen Dank!	Tante grazie.
Gern geschehen.	Non c'è di che!
Entschuldigen Sie!	Scusi!
Wie bitte?	Come dice?
Ich verstehe Sie/dich nicht.	Non La/ti capisco.
Ich spreche nur wenig …	Parlo solo un po' di …
Können Sie mir bitte helfen?	Mi può aiutare, per favore?
Ich möchte …	Vorrei …
Das gefällt mir (nicht).	(Non) mi piace.
Haben Sie …?	Ha …?
Wieviel kostet es?	Quanto costa?
Wieviel Uhr ist es?	Che ore sono?/Che ora è?

KENNENLERNEN

Guten Morgen!/Tag!	Buon giorno!
Guten Abend!	Buona sera!
Gute Nacht!	Buona notte!
Hallo!/Grüß dich!	Ciao!
Wie geht es Ihnen/dir?	Come sta?/Come stai?
Danke. Und Ihnen/dir?	Bene, grazie. E Lei/tu?
Auf Wiedersehen!	Arrivederci!
Tschüs!	Ciao!
Bis bald!	A presto!
Bis morgen!	A domani!

Auskunft

links/rechts	a sinistra/a destra
geradeaus	diritto
nah/weit	vicino/lontano
Wie weit ist das?	Quanti chilometri sono?
Ich möchte … mieten.	Vorrei noleggiare …
… ein Auto	… una macchina.
… ein Fahrrad	… una bicicletta.
… ein Boot	… una barca.
Bitte, wo ist …?	Scusi, dov'è …?
der Bahnhof	la stazione
die Haltestelle	la fermata
der Flughafen	l'aeroporto
Zum … Hotel.	All'albergo …

Panne

Ich habe eine Panne.	Ho un guasto.
Würden Sie mir einen Abschleppwagen schicken?	Mi potrebbe mandare un carro-attrezzi?
Gibt es hier in der Nähe eine Werkstatt?	Scusi, c'è un'officina qui vicino?
Würden Sie mir mit Benzin aushelfen?	Mi potrebbe dare un po' di benzina, per favore?

Tankstelle

Wo ist bitte die nächste Tankstelle?	Dov'è la prossima stazione di servizio, per favore?
Ich möchte … Liter …	Vorrei … litri di …
… Normalbenzin.	… benzina normale.
… Super./… Diesel.	… super./… gasolio.
… bleifrei/… verbleit.	… senza piombo (verde)/ … con piombo.
…mit … Oktan.	… a … ottani.
Volltanken, bitte.	Il pieno, per favore.

Unfall

Hilfe!	Aiuto!
Achtung!/Vorsicht!	Attenzione!
Rufen Sie bitte schnell …	Chiami subito …
… einen Krankenwagen.	… un'autoambulanza.
… die Polizei.	… la polizia.
… die Feuerwehr.	… i vigili del fuoco.
Haben Sie Verbandszeug?	Ha materiale di pronto soccorso?
Es war meine Schuld.	È stata colpa mia.
Es war Ihre Schuld.	È stata colpa Sua.
Geben Sie mir bitte Ihren Namen und Ihre Anschrift!	Mi dia il Suo nome e indirizzo, per favore!

ESSEN/UNTERHALTUNG

Wo gibt es hier …	Scusi, mi potrebbe indicare …
… ein gutes Restaurant?	… un buon ristorante?
… ein typisches Restaurant?	… un locale tipico?
Gibt es in der Nähe eine Eisdiele?	C'è una gelateria qui vicino?
Reservieren Sie uns bitte für heute abend einen Tisch für 4 Personen.	Può riservarci per stasera un tavolo per quattro persone?
Auf Ihr Wohl!	(Alla Sua) salute!
Bezahlen, bitte.	Il conto, per favore.
Hat es geschmeckt?	Andava bene?
Das Essen war ausgezeichnet.	(Il mangiare) era eccellente.
Haben Sie einen Veranstaltungskalender?	Ha un programma delle manifestazioni?

EINKAUFEN

Wo finde ich …?	Dove posso trovare …?
eine Apotheke	una farmacia
eine Bäckerei	un panificio
ein Fotogeschäft	un negozio di articoli fotografici
ein Kaufhaus	un grande magazzino
ein Lebensmittelgeschäft	un negozio di generi alimentari
den Markt	il mercato
einen Supermarkt	un supermercato
einen Tabakladen	un tabaccaio
einen Zeitungshändler	un giornalaio

ÜBERNACHTUNG

Können Sie mir bitte … empfehlen?	Scusi, potrebbe consigliarmi …
… ein Hotel	… un albergo?
… eine Pension	… una pensione?
Ich habe bei Ihnen ein Zimmer reserviert.	Ho prenotato una camera.
Haben Sie noch …?	È libera …?
… ein Einzelzimmer	… una singola
… ein Zweibettzimmer	… una doppia
… mit Dusche/Bad	… con doccia/bagno
… für eine Nacht	… per una notte
… für eine Woche	… per una settimana
… mit Blick aufs Meer	… con vista sul mare
Was kostet das Zimmer …	Quanto costa la camera …
… mit Frühstück?	… con la prima colazione?
… mit Halbpension?	… a mezza pensione?

Arzt

Können Sie mir einen guten Arzt empfehlen?	Mi può consigliạre un buọn mẹdico?
Ich habe Durchfall	Sọffro di diarrẹa.
Ich habe …	Ho …
… Fieber.	… la fẹbbre.
… Kopfschmerzen.	… mal di tẹsta.
… Zahnschmerzen.	… mal di dẹnti.

Bank

Wo ist bitte …	Scụsi, dọve pọsso trovạre …
… eine Bank?	… ụna bạnca?
… eine Wechselstube?	… un'agenzịa di cạmbio?
Ich möchte diese … DM (Schilling, Schweizer Franken) in Lire wechseln.	Vorrẹi cambiạre quẹsti mạrchi (scellịni, frạnchi svịzzeri) in lịre.

Post

Was kostet …	Quạnto cọsta …
… ein Brief …	… ụna lẹttera …
… eine Postkarte …	… ụna cartolịna …
nach Deutschland?	per la Germạnia?

Zahlen			
0	zẹro	19	diciannọve
1	ụno	20	vẹnti
2	dụe	21	ventụno
3	tre	30	trẹnta
4	quạttro	40	quarạnta
5	cịnque	50	cinquạnta
6	sei	60	sessạnta
7	sẹtte	70	settạnta
8	ọtto	80	ottạnta
9	nọve	90	novạnta
10	diẹci	100	cẹnto
11	ụndici	101	centoụno
12	dọdici	200	ducẹnto
13	trẹdici	1000	mịlle
14	quattọrdici	2000	duemịla
15	quịndici	10000	diecimịla
16	sẹdici		
17	diciassẹtte	1/2	un mẹzzo
18	diciọtto	1/4	un quạrto

Carta
Speisekarte

PRIMA COLAZIONE	FRÜHSTÜCK
caffè, espresso	kleiner, starker Kaffee ohne Milch
caffè macchiato	kleiner, starker Kaffee mit wenig Milch
caffellatte	Kaffee mit Milch
caffè decaffeinizzato	koffeinfreier Kaffee
cappuccino	Kaffee mit aufgeschäumter Milch
tè al latte/al limone	Tee mit Milch/Zitrone
tè alla menta/alla frutta	Pfefferminz-/Früchtetee
tisana	Kräutertee
cioccolata	Schokolade
spremuta	frisch gepreßter Fruchtsaft
succo di frutta	Fruchtsaft
uovo alla coque	weiches Ei
pane/panino/pane tostato	Brot/Brötchen/Toast
cornetto	Hörnchen
burro	Butter
formaggio	Käse
salame	Wurst
prosciutto	Schinken
miele	Honig
marmellata	Marmelade
iogurt	Joghurt
frutta	Obst

ANTIPASTI/MINESTRE	VORSPEISEN/SUPPEN
affettato misto	gemischter Aufschnitt
brodetto	Fischsuppe
carciofini sott'olio	Artischockenherzen in Öl
carpaccio	hauchdünnes, rohes Rindfleisch
frico	gebratener Käse mit Ei und Zwiebeln
funghi sott'olio	Pilze in Öl
jota	Gemüsesuppe
melone e prosciutto	Honigmelone mit Schinken
minestrone	dicke Gemüsesuppe
pastina in brodo	Fleischbrühe mit feinen Nudeln
sarde in saor	süß-saure, gebratene Sardinen
soppressa	Salami
zuppa di pesce	Fischsuppe
zuppa d'orzo	Graupensuppe

PRIMI PIATTI	NUDEL- UND REISGERICHTE
bigoli	dicke Spaghetti
ciarsòns/ravioli/tortellini	gefüllte Teigtaschen
fettuccine/tagliatelle	Bandnudeln
gnocchi	kleine Kartoffelklößchen
pasta	Nudeln
… alla napoletana/al pomodoro	… mit Tomatensoße (ohne Fleisch)
… alla bolognese/al ragù	… mit Tomatensoße (mit Fleisch)
… alle vongole	… mit kleinen Muscheln
… aglio e olio	… mit Knoblauch und Öl
… e fagioli	… mit weißen Bohnen
risi e bisi	Reis mit Erbsen
risotto al nero	Reisgericht mit Tintenfisch

CARNE E PESCE	FLEISCH UND FISCH
agnello	Lamm
ai ferri/alla griglia	vom Grill
anguilla	Aal
anitra	Ente
aragosta	Languste
arrosto	Braten
baccalà	Stockfisch
baccalà mantecato	Stockfischpüree
bollito misto	verschiedene gekochte Fleischstücke
brasato	(Schmor-)Braten
capesante	Jakobsmuscheln
coda di rospo	Seeteufel
coniglio	Kaninchen
cozze	Miesmuscheln
faraona	Perlhuhn
fegato	Leber
fritto misto (di mare)	gebackene Fischchen und Meeresfrüchte
gambero, granseola	Krebs, Krabbe
lepre	Hase
luganega	(Brat-)Wurst
maiale	Schweinefleisch
manzo	Rindfleisch
musetto	Kochwurst
pastizzada de caval	Pferdegeschnetzeltes
pollo	Huhn
porzina	Schweinebraten
rognoni	Nieren
salmone	Lachs

sarda	Sardine
scampi fritti	gebackene kleine (See-)Krebse
seppie	Tintenfischart
spezzatino	Geschnetzeltes/Gulasch
tacchino	Truthahn, Pute
tonno	Thunfisch
trota	Forelle
vitello	Kalbfleisch
vongole	Venusmuscheln

VERDURA E CONTORNI — GEMÜSE UND BEILAGEN

asparagi	Spargel
brovada	in Trester gegorene weiße Rüben
carciofi	Artischocken
carote	Möhren, Karotten
cavolfiore	Blumenkohl
cavolo	Kohl
cipolle	Zwiebeln
fagioli	weiße Bohnen
fagiolini	grüne Bohnen
finocchi	Fenchel
funghi	Pilze
insalata mista	gemischter Salat
insalata verde	grüner Salat
lenticchie	Linsen
melanzane	Auberginen
patate	Kartoffeln
patatine fritte	Pommes frites
peperoni	Paprika
piselli	Erbsen
polenta	Maisbrei
pomodori	Tomaten
radicchio	bittere rote Salatsorte
sedano	Sellerie
spinaci	Spinat
verza	Wirsing
zucca	Kürbis

DOLCI E FRUTTA — NACHSPEISEN UND OBST

albicocca	Aprikose
anguria	Wassermelone
arancia	Orange
chifeletti	Hörnchen, Kipfel
ciliegie	Kirschen
coppa assortita	gemischter Eisbecher
coppa con panna	Eisbecher mit Sahne

fichi	Feigen
fragole	Erdbeeren
fritole	fritierte Hefeteigbällchen
gelato	Eis
gubana	Hefegebäck mit Nüssen und Rosinen
lamponi	Himbeeren
macedonia	Obstsalat
mela	Apfel
melone	Honigmelone
nocciola	Haselnuß(-Eis)
pera	Birne
pesca	Pfirsich
prugna/susina	Pflaume
uva	Trauben

Lista delle bevande
Getränkekarte

acqua minerale	Mineralwasser
amabile	lieblich
amaro	Magenbitter
aranciata	Orangeade
bibita	Erfrischungsgetränk
bicchiere	Glas
birra scura/chiara	dunkles/helles Bier
birra alla spina	Bier vom Faß
birra senza alcool	alkoholfreies Bier
bottiglia	Flasche
con ghiaccio	mit Eis
digestivo	Verdauungsschnaps
frappé/frullato	Milchmixgetränk (oft mit Eis)
gassata/con gas	mit Kohlensäure
grappa	Tresterschnaps
limonata	Limonade
liquore	Likör
liscia/senza gas	pur/ohne Kohlensäure
secco	trocken
spremuta di arancia	frisch gepreßter Orangensaft
spumante	Sekt
succo di frutta/di mele	Frucht-/Apfelsaft
succo di pomodoro	Tomatensaft
vino bianco/rosato/rosso	Weiß-/Rosé-/Rotwein
vino della casa	Hauswein
vino frizzante	Perlwein, moussierender Wein
vino sfuso/aperto	offener Wein

Reiseatlas
Venetien und Friaul

Die Seiteneinteilung für den Reiseatlas finden Sie
auf dem hinteren Umschlag dieses Reiseführers

MARE ADRIATICO

Golfo di Venézia

Oderzo
Motta d. Liv.
D 55
S. Polo serada
so-Nord
Breda di Piave
(10) Ponte di Piave
Chiarano
Cessalto
S.Stino d.Liv.
Concordia Sag.
Portogruaro **110**
E **F**
Latisar
354
Pertegada
Zenson d.C.
S.Biágio d.C.
S.Dona Noventa
52 Noventa d.P.
(3)
Torre d.Mosto
102
la Salute di Liv.
di Cáorle
Bibione Pineta
Bibione
reviso-Sud
oncade
Méolo
E70 **E55**
Musile d.P.
S. DONÀ DI PIAVE
Caposile
Fraclea
Cáorle
Porto Santa Margherita
Duna Verde
2
Quarto d'Altino
Portegrandi
Jésolo
Eraclea Mare
Altino
v. V. Deca
TORCELLO BURANO
Lido di Jésolo
Cortellazzo
MURANO
Cavallino
Punta Sabbioni

VENÉZIA ★★

LIDO DI VENÉZIA

3

Alberoni
Santa Maria del Mare

Pellestrina

M A R E

ottomarina
ndolo
Isola Verde
via Romeo
Rosolina Mare

A D R I A T I C O

4

Kerkyra 28h. Igoumenitsa 28h. Patrai 36h. Izmir 65h

Isola Albarella
Porto di Levante

O VIRO

Boccasette
Pila

★ **Bocche del Po della Pila**

5

Porto Tolle

Scardovari

10km

6

Gnocchetta

115

Volano